実践につながる

生徒指導・キャリア教育

黒田祐二
清水貴裕 編著
永作 稔

北樹出版

まえがき

本書は教職（主に小中学校と高等学校の教員）を目指す人を対象にして書かれた生徒指導とキャリア教育のテキストです。本書には大きく３つの特色があります。

第１に，教職課程コアカリキュラムに沿って内容を構成している点です。これにより，生徒指導とキャリア教育の必須事項を体系的に学べるようになっています。本書の各章とコアカリキュラムとの対応を末尾の表に示しましたのでご覧ください。

第２に，重なり合うところの多い生徒指導とキャリア教育の基本的な内容を，生徒指導提要（2022年改訂版）や学習指導要領等に準拠し，最新の動向にもふれながら説明している点です。加えて，生徒指導とキャリア教育の基礎と実際を，主として心理学的な観点から解説したところも大きな特色といえます。

第３に，学校での実践につながる内容を豊富に盛り込んだ点です。本書は『実践につながる教育心理学（改訂版）』『実践につながる教育相談』の姉妹書であり，知識と実践との橋渡しができるように編纂された教科書です。

以上３点が本書の大きな特色ですが，このほかにも，初学者でもわかりやすく理解できるように平易な説明を心がけたり，各章の最後に演習問題を設けたりするなど，読者の学びがスムーズに進むように努めました。本書が読者のみなさんの学びに少しでも貢献できれば，著者一同まことに嬉しく思います。

末筆になりますが，執筆者のみな様には，本書の主旨をご理解頂き貴重な原稿をご執筆頂きました。そして，北樹出版編集部長の福田千晶氏には，企画から出版に至るまで多大なお力添えを頂きました。また，同編集部の田津真里恵氏には，校正の段階で細やかなサポートを頂きました。みな様に心より御礼申し上げます。

編者代表　黒田祐二

1. 生徒指導のコアカリキュラムとの対応

（1）生徒指導の意義と原理
一般目標：生徒指導の意義や原理を理解する。

			1章	2章	3章	4章	5章	6章	7章	8章	9章	10章
到達目標	1）	教育課程における生徒指導の位置付けを理解している。	●									
	2）	各教科・道徳教育・総合的な学習の時間・特別活動における生徒指導の意義や重要性を理解している。	●			●	●					
	3）	集団指導・個別指導の方法原理を理解している。		●	●		●					
	4）	生徒指導体制と教育相談体制それぞれの基礎的な考え方と違いを理解している。	●			●						

（2）児童及び生徒全体への指導
一般目標：全ての児童及び生徒を対象とした学級・学年・学校における生徒指導の進め方を理解する。

			1章	2章	3章	4章	5章	6章	7章	8章	9章	10章
到達目標	1）	学級担任，教科担任その他の校務分掌上の立場や役割並びに学校の指導方針及び年間指導計画に基づいた組織的な取組の重要性を理解している。	●			●	●					
	2）	基礎的な生活習慣の確立や規範意識の醸成等の日々の生徒指導の在り方を理解している。	●			●	●					
	3）	児童及び生徒の自己の存在感が育まれるような場や機会の設定の在り方を例示することができる。	●			●	●					

（3）個別の課題を抱える個々の児童及び生徒への指導
一般目標：児童及び生徒の抱える主な生徒指導上の課題の様態と，養護教諭等の教職員，外部の専門家，関係機関等との校内外の連携も含めた対応の在り方を理解する。

			1章	2章	3章	4章	5章	6章	7章	8章	9章	10章
到達目標	1）	校則・懲戒・体罰等の生徒指導に関する主な法令の内容を理解している（高等学校教諭においては停学及び退学を含む）。						●	●	●	●	●
	2）	暴力行為・いじめ・不登校等の生徒指導上の課題の定義及び対応の視点を理解している。						●	●	●	●	●
	3）	インターネットや性に関する課題，児童虐待への対応等の今日的な生徒指導上の課題や，専門家や関係機関との連携の在り方を例示することができる。		●	●	●		●	●	●	●	

2. 進路指導（キャリア教育）のコアカリキュラムとの対応

（1）進路指導・キャリア教育の意義及び理論
一般目標：進路指導・キャリア教育の意義や原理を理解する。

			11章	12章	13章
到達目標	1）	教育課程における進路指導・キャリア教育の位置付けを理解している。	●		
	2）	学校の教育活動全体を通じたキャリア教育の視点と指導の在り方を例示することができる。	●	●	●
	3）	進路指導・キャリア教育における組織的な指導体制及び家庭や関係機関との連携の在り方を理解している。		●	

（2）ガイダンスとしての指導
一般目標：全ての児童及び生徒を対象とした進路指導・キャリア教育の考え方と指導の在り方を理解する。

			11章	12章	13章
到達目標	1）	職業に関する体験活動を核とし，キャリア教育の視点を持ったカリキュラム・マネジメントの意義を理解している。		●	
	2）	主に全体指導を行うガイダンスの機能を生かした進路指導・キャリア教育の意義や留意点を理解している。			●

（3）カウンセリングとしての指導
一般目標：児童及び生徒が抱える個別の進路指導・キャリア教育上の課題に向き合う指導の考え方と在り方を理解する。

			11章	12章	13章
到達目標	1）	生涯を通じたキャリア形成の視点に立った自己評価の意義を理解し，ポートフォリオの活用の在り方を例示することができる。			●
	2）	キャリア・カウンセリングの基礎的な考え方と実践方法を説明することができる。			●

注）到達目標に対応する主な章に●がつけられています。●のついていない章でも到達目標に関連している章があります。

Contents

実践につながる
生徒指導・キャリア教育

序 生徒指導とキャリア教育

そのつながりとは？

第1節 新しい生徒指導の注目点

2022年に新しい生徒指導提要が発表されました。本書ではこれを改訂版生徒指導提要，あるいは生徒指導提要（2022年版）と表現していきます。八並・石隈（2023）は改訂版生徒指導提要での注目点を2つあげています。ひとつは生徒指導の定義と目的を明示したことです。以下に示します。

> 生徒指導とは，児童生徒が，社会の中で自分らしく生きることができる存在へと，自発的・主体的に成長や発達する過程を支える教育活動のことである。なお，生徒指導上の課題に対応するために，必要に応じて指導や援助を行う。

この定義により，生徒指導は児童生徒の成長や発達を支えるサポートをする活動を指すことが明示されました。そして主体は児童生徒であり，教師はその成長発達のプロセスを伴走する専門家となり，指導や援助という手段を用いてそれを刺激し，支える相互作用を行うことが役割であると明示されています。

次に生徒指導の目的です。このように明示されています。

> 生徒指導は，児童生徒一人一人の個性の発見とよさや可能性の伸長と社会的・資質能力の発達を支えると同時に，自己の幸福追求と社会に受け入れられる自己実現を支えることを目的とする。

そして，この目的を達成するために育むべき力が**自己指導能力**です。生徒指導提要（2022年版）によれば自己指導能力とは，「児童生徒が，深い自己理解に基づき，『何をしたいのか』，『何をするべきか』，主体的に問題や課題を発見し，自己の目標を選択・設定して，この目標の達成のため，自発的，自律的，かつ，他所の主体性を尊重しながら，自らの行動を決断し，実行する力」と定義されています。したがって，生徒指導の目的は，端的には自己指導能力の育成であると考えることができるのです。

もうひとつの注目点は，**2軸3類4層**から成る生徒指導の重層的な構造を示したことです。まず，児童生徒の支援ニーズや問題の深さという観点から，「**発達支持的生徒指導**」，「**課題予防的生徒指導**」，「**困難課題対応的生徒指導**」の３類に分類されます。その内課題予防的生徒指導はすべての児童生徒を対象とする「**課題未然防止教育**」と，配慮が必要な状況が生じ対応が必要となった児童生徒への早期介入である「**課題早期発見対応**」の２層に分かれています。つまり，これらを含めて４層の生徒指導の構造があると示しているのです。

問題を予防したり未然に防いだりするという視点は，常態的・先行的に指導・援助を進めるという意味で**プロアクティブな生徒指導**と呼ばれています。これにあたるのが「発達支持的生徒指導」と「課題未然防止教育」です。そして，生じている問題に対して即応的・継続的に指導援助する**リアクティブな生徒指導**として「課題早期発見対応」と「困難課題対応的生徒指導」があります（詳しくは第２章）。つまり，ことが起こる前に対応するという予防教育の観点で行われるのがプロアクティブな生徒指導であり，事前指導ととらえることができます。一方で，配慮が必要な状況が生じている状況で指導や援助を行うのがリアクティブな生徒指導であり，こちらは事中事後の指導です。これが時間軸にもとづく２軸です。このなかでも改訂版生徒指導提要では「発達支持的生徒指導」の重要性を強調しています。後述しますが，生徒指導とキャリア教育の接点のひとつはまさにこの点にあるのです。

第２節　生徒指導提要改訂の背景

それでは，なぜ生徒指導提要が改訂されたのでしょうか。新井（2023）は，つぎの５点から説明しています。

① 問題行動・不登校等生徒指導上の諸問題の増加
② 変動する社会状況と未来を生き抜く力の獲得
③ 多様な背景を持つ児童生徒の増加
④ 生徒指導関連法規の成立と改正
⑤ 働き方改革と生徒指導の充実との両立

問題行動・不登校等生徒指導上の諸問題の増加（①）には，いじめの増加と深刻化，不登校の増加と長期化，暴力行為の低年齢における増加，児童生徒の自殺者数の増加などがあります。詳しくは6章から9章の各章で取り上げます。変動する社会状況と未来を生き抜く力の獲得（②）は，11章から13章の各章が主に関連します。児童生徒が生きる未来は，気候変動や流動的な国際情勢，AIをはじめとする情報化社会の急速な進展など予測不可能な時代です。学校には，そんな未来にあっても自分らしく生きて，社会に参画し，社会を構築，あるいは再構築していくために必要な力を子どもたちが身につけていくように教育していく責任があります。多様な背景を持つ児童生徒の増加（③）は，発達障害や精神疾患のある生徒，児童虐待，LGBTQ，ヤングケアラー，貧困，外国にルーツをもつ児童生徒などへの生徒指導の充実を図るという視点です。これは3章，4章，9章などで扱います。生徒指導関連法規の成立と改正（④）については，2010年の旧生徒指導提要からこれまでに数多くの生徒指導関連法規が成立，改正されており，それらに対応するものです。詳しくは10章で紹介しています。働き方改革と生徒指導の充実との両立（⑤）については，独立した章で扱っているわけではありませんが，各章の取組を進めていくことが結果的に合理的かつ効率的に生徒指導を進め，教職員の多忙化と疲弊の解消につながっていくものと考えています。そのためには，チーム学校の体制を充実させ，学校内外の援助資源を有機的に連携させる取り組みが欠かせません。チーム学校については4章を中心に各所でふれていきます。

第3節　キャリア教育推進の背景

本書のもうひとつのキーワードであるキャリア教育も概観していきましょう。キャリア教育という言葉が公に登場したのは1999年のことでした。中央教育審議会（以下，中教審）答申「初等中等教育と高等教育との接続の改善について」で，学校教育と職業生活との接続の改善を図るために，小学校段階から発達の段階に応じてキャリア教育を実施する必要があると提言されました。当時，バブル経済の崩壊に伴う経済不況のなかで，若年者の雇用・就労に伴う問題が顕在化していました。いわゆる非正規雇用やフリーターという不安定就労

の問題や，ニート（Not in Education, Employment, or Training），ひきこもりなどの問題です。社会構造が変化することによって若者が不利益を被る状況が生まれていました。そうした状況を改善するために，社会への移行をはたす前の学校段階でキャリア教育を推進していくことが重要とされたのです。

しかし，現在ではこのような「草創期」のキャリア教育の提言が誤解を招いた側面があるといわれています（文部科学省，2023）。若年者の雇用や就業を巡る問題の解消策の一環として位置づけたことにより，キャリア教育がその「対策」であると受け止められてしまったという誤解です。小学校からは「まだ先のことだ」と軽視されたり，進学校の高等学校では「自分たちの学校とはあまり関係のないこと」と考えられたりという誤解が生じたというのです。

そこで，2011 年の中教審答申「今後の学校におけるキャリア教育・職業教育の在り方について」を皮切りに，2017 年公示の学習指導要領改訂を経て，キャリア教育による教育改革を，すべての教育活動のなかで機能として位置づける必要性があるという本来の目的を強調して打ち出すようになりました。

こうした教育改革の必要性の根拠，その 1 つになっているのが国際比較調査です。図序-1 を見てみましょう。これは，TIMSS という国際数学・理科教育動向調査の結果です。

日本の子どもたちは，いずれの年の調査においても，算数・数学も理科の得点も参加国の上位に位置しています。その一方で，それらを楽しいと感じて勉強している児童生徒の割合は国際平均を大きく下回っています。また中学校において，「数学や理科を勉強すると，日常生活に役立つ」と回答している生徒の割合も，近年改善傾向にありますが，依然として国際平均より低い数値になっています。つまり，あまり楽しいと思えないし，役に立つとも感じられないのに，一生懸命に勉強して高得点を取っている子どもたちの姿が浮かび上がるのです。なぜなのでしょうか。

これはおそらくですが，「試験や入試のためによい点を取らなければ」と駆り立てられて勉強しているからではないだろうかと推察されています。そのために，好きでもないし役に立つとも思えないけれども勉強しているのです。しかし，学校での学びとは本来一人ひとりの将来のために必要と考えられる知恵

【平均得点の推移】 ※小学4年生は1999年調査実施せず

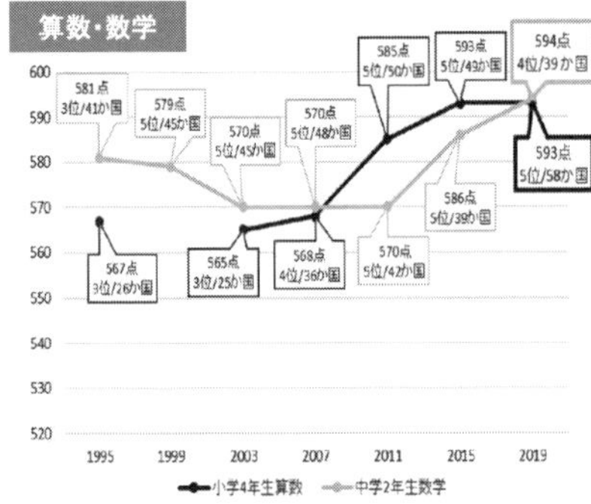

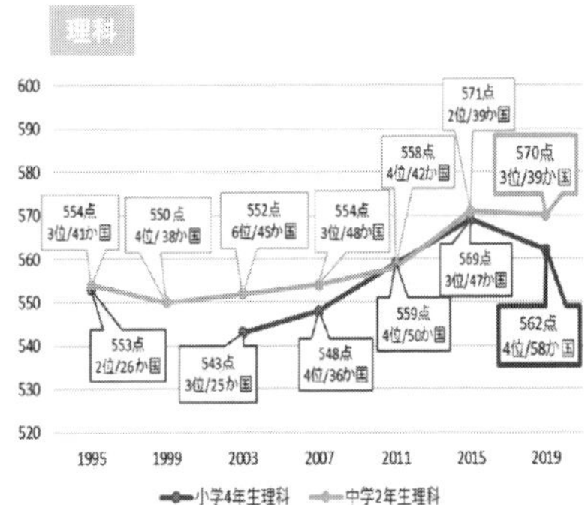

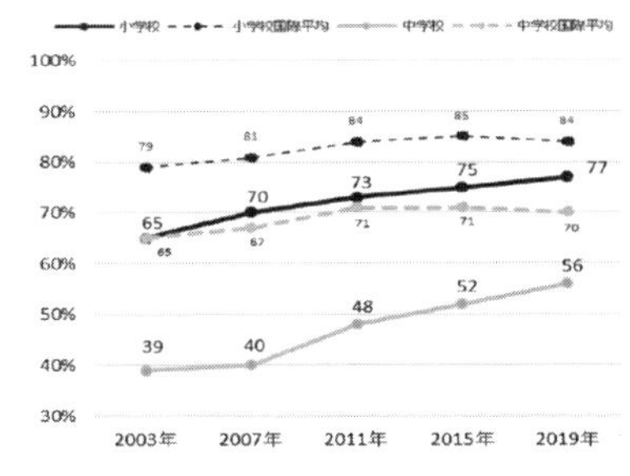

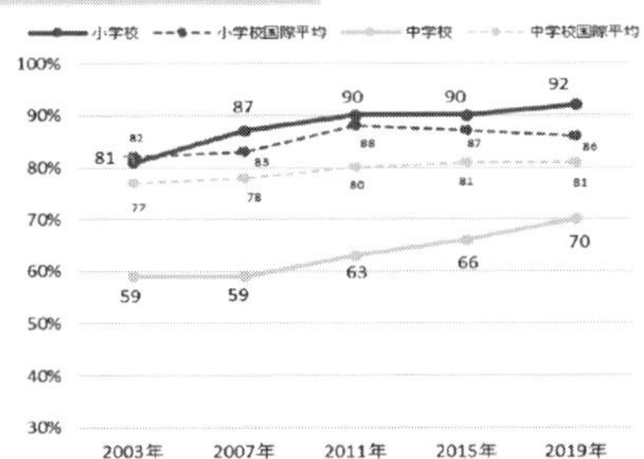

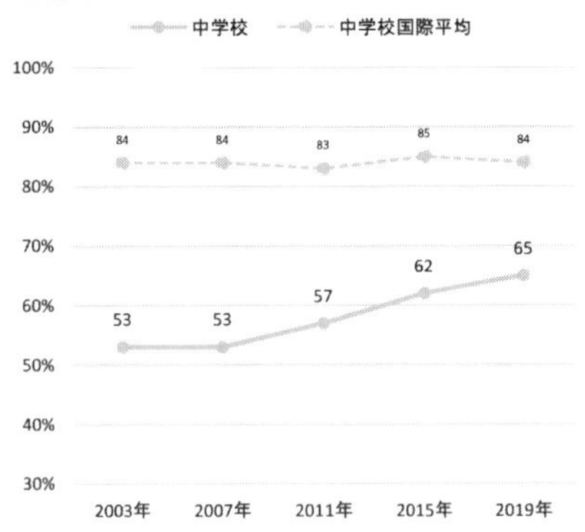

図序-1　算数と理科の得点推移と児童生徒の算数・数学理科の学習への意識

（国立教育政策研究所『国際数学・理科教育動向調査（TIMSS2019）のポイント』）

や知識，技能や態度を培うものです。算数・数学や理科に限らず，すべての教科，教育活動は子どもたちの将来，つまりキャリアと接点をもつべきであり，もつはずなのです。ただし，日本の教育は国際比較調査から照らして考えるとそのような本来的な姿から離れているように考えられます。

そこで，キャリア教育の定義を見てみましょう。中教審答申（2011）では

一人ひとりの社会的・職業的自立に向け，必要な基盤となる能力や態度を育てることを通して，キャリア発達を促す教育

と定義され，子どもたちの将来の**社会的・職業的自立**を目的としていることがわかります。そして，

特定の活動や指導方法に限定されるものではなく，様々な教育活動を通して実践されるものであり，一人一人の発達や社会人・職業人としての自立を促す点から，学校教育を構成していくための理念と方向性を示すもの

と説明されています。つまり，キャリア教育はTIMSSなどの国際比較調査が示唆したわが国の教育の課題改善のために，現在の学びと子どもたち一人ひとりのキャリアにつながりをもたせ，将来への見通しをつけることを重視しているのです。したがって，小学校であっても進学校の高等学校であってもキャリア教育と縁のない学校はひとつもないということになるのです。

もうひとつキャリア教育を推進していくべき背景があります。それは，進路に不安を感じて悩む多くの子ども・若者の存在です。一般社団法人全国高等学校ＰＴＡ連合会と株式会社リクルートが2021年に行った調査では，高校生に対して進路を考える時にどのような気持ちになるかを尋ねたところ，「不安な気持ち」「どちらかというと不安」は合計で70％を占めており，不安を感じる高校生が圧倒的に多いことが示されています。また，全国大学生活協同組合連合会（2023）が全国の大学生に行った学生生活実態調査においても，就職に不安を感じている大学生が74.8％となっており，非常に多いことが示されています。学校段階が進み，社会に出る時期が近づくなかで将来に不安を感じることは一定程度において自然な感情ではありますが，TIMSSの結果と併せて考えると，勉強が楽しいと思えず，将来の役に立つともあまり感じられず，試験のために勉強を強いられている子どもたちが，社会に出る手前のタイミングで自

分の将来にとても不安を感じているという危機的な状況が浮かび上がります。

さきほど生徒指導では，予防教育の観点で行われるプロアクティブな生徒指導（発達支持的生徒指導・課題予防的生徒指導）が重視されていることを紹介しました。キャリア教育は，こうした状況を受けて子どもたちが将来進路に過度に不安にならないように，小学校段階から計画的・継続的に実施することが期待されているのです。したがって，キャリア教育そのものがプロアクティブな生徒指導であるといっても過言ではないのです。

第4節 生徒指導とキャリア教育の接点——個性化と社会化

八並・石隈（2023）は，「授業，キャリア教育，生徒指導は連動しており，一体として進められていくものです。授業改善なくして生徒指導はありません。そして，キャリア教育と生徒指導は表裏一体のものなのです（p.4-5）」，「児童生徒の心や行動の荒れには，勉強がわからないだけではなく，なぜ勉強するのか，学びの意味や生きる意味を見いだせない，将来の見通しや目標が見えない不安や焦りがあります。自己を内省し，生き方を考えるキャリア教育がうまくいくと，生徒指導の諸課題の防止にもつながると言えます。校務分掌上は，生徒指導とキャリア教育は独立的ですが，両者は相互作用し合う有機的関係にあります（p.13）」と述べ，生徒指導とキャリア教育の接点を強調しています。

こうした生徒指導とキャリア教育の接点は，いずれも個性化（individualization）と社会化（socialization）を目指す教育活動であるという点にあります。人は一人ひとり個性をもった固有の存在ですし，何を幸せと感じるか，どう生きていくことが自分らしいと感じるのかということもそれぞれで異なります。人は発達し，成長していく過程のなかでほかの誰とも違う自分をみつけ，個性化のプロセスを歩み，自己実現に向かう存在なのです。

一方で，われわれは社会のなかで生きていく存在でもあります。そのためには，お互いが心地よく生活するためにさまざまな規範やルールを守る必要があります。また社会はたくさんの人たちの相互協力で成り立っていますので，お互いによりよくコミュニケーションをとる力や協調性を身につける必要があります。そして，さまざまな知識も身につける必要もあります。そうした先に社会のなかで上手にやっていく社会的自立の力が身につきます。これが社会化のプロセスです。また，自己実現と社会的自立の双方に大きく影響するのが職業です。何をして生きていくのかという生きる手立てが自己実現にも社会的自立にも関係するのです。

このように，生徒指導もキャリア教育もそうした個性化と社会化のプロセスを支える教育活動であるという接点・共通点をもちます。自己実現を目指す個性化のプロセスと，社会的自立を目指す社会化のプロセスはそれぞれが互いに影響を与えながら進みます。それらのプロセスを刺激し，促し，支えるのが生徒指導でありキャリア教育なのです。

（永作　稔）

【引 用 文 献】

新井肇（2023）. 生徒指導Ⅰ 『生徒指導提要』の改訂をふまえたこれからの生徒指導の方向性 https://www.nits.go.jp/materials/intramural/files/129_001.pdf

一般社団法人全国高等学校ＰＴＡ連合会・株式会社リクルート（2022）. 第 10 回「高校生と保護者の進路に関する意識調査」2021 年報告書 https://souken.shingakunet.com/research/.assets/2021_hogosya3.pdf

国立教育政策研究所　国際数学・理科教育動向調査（TIMSS2019）のポイント https://www.nier.go.jp/timss/2019/point.pdf

文部科学省（2022）. 生徒指導提要 https://www.mext.go.jp/content/20230220-mxt_jidou01-000024699-201-1.pdf

文部科学省（2023）. 小学校キャリア教育の手引き　実業之日本社

八並光俊・石隈利紀（編著）（2023）. Q&A 新生徒指導提要で読み解くこれからの児童生徒の発達支持　ぎょうせい

全国大学生活協同組合連合会（2023）. 第 58 回学生生活実態調査概要報告 https://www.univcoop.or.jp/press/life/pdf/pdf_report58.pdf

生徒指導の概要

生徒指導とは？

生徒指導というと「問題を起こした生徒を教師が頭ごなしに叱るもの」というイメージをもつかもしれません。あるいは，「教師でもとくに生徒指導担当の教師が生徒指導室で厳しい指導を行うもの」というイメージをもつ人がいるかもしれません。このようにネガティブな印象をもたれがちな生徒指導ですが，実際のところそれはどのような教育活動なのでしょうか。

生徒指導とは何か，その答えは『生徒指導提要』（2022年版）のなかで明確に示されています。それを見ると，生徒指導が上記のイメージとは異なる教育活動であることがわかります。本章を通して生徒指導の本来の姿を理解するとともに，どうすればそれを実現できるかを考えていきましょう。

生徒指導の定義

生徒指導は学校教育の目的を実現するために不可欠な教育活動です。生徒指導は特定の教員が特定の場所で特定の児童生徒に対して行うものではなく，すべての教員が学校のあらゆる場面ですべての児童生徒に対して行う営みです。

このように重要なはたらきをもつ生徒指導ですが，そもそもそれはどのような教育活動なのでしょうか。その定義は生徒指導提要（2022年版）のなかで次のように示されています。

> 生徒指導とは，①児童生徒が，社会の中で自分らしく生きることができる存在へと，自発的・主体的に成長や発達する過程を②支える教育活動のことである。なお，生徒指導上の課題に対応するために，必要に応じて②指導や援助を行う（文部科学省，2022, p.12）。

生徒指導の理念が示された重要な一文ですので，以下で詳しくみていきます。ここでは①と②の部分に分けて説明します。

まず①の部分は，生徒指導が目指している児童生徒の姿（児童生徒がどうなっているとよいか）を示しています。「社会の中で自分らしく生きる」とは，自分が社会の一員であることを自覚し，社会とのつながりのなかで自分のよさや可能性を最大限発揮すること（将来において**社会的な自己実現**を果たすこと）を表しています。「自分らしく生きる」ことは大切ですが，それは「社会や他者を無視して自分の好き勝手に生きる」ことではありません。社会の一員として自分らしさを発揮することの重要性がここで強調されています。

生徒指導では児童生徒が社会のなかで自分らしく生きる存在へと成長・発達していく過程を支えますが，その過程ではかれらが自発的かつ主体的に成長・発達していけるように支えていきます。「自発的・主体的に成長・発達していく」とは，たとえば，児童生徒が自分のよさにみずから気づき，みずから伸ばしていくことや，社会や集団のなかでとるべき行動にみずから気づき，それをみずからの意志と判断で実行できるようになることを指します。

このように生徒指導の基本は，児童生徒の**自発性**と**主体性**を引き出しながら一人ひとりの**成長**と**発達**を支えていくところにあります。児童生徒を自分に従わせたり，かれらに行動を強制したりすることは，かれらが自発的かつ主体的に成長・発達していくことを妨げる行為であり，生徒指導とはいえません。

次に②の部分は，児童生徒に対する教師のかかわり方を示しています。定義では「支える」「指導する」「援助する」という３つのかかわりが示されています。このうち，「**支える**」かかわりは，生徒指導の基本姿勢を表しています。先述した通り，生徒指導では，「教師が児童生徒を成長・発達させる」のではなく，「児童生徒がみずから主体的に成長・発達していく」ことを目指します。生徒指導場面での主役はまさに児童生徒であるといえるでしょう。そのために，児童生徒に何もかも教えたり助けたりしてしまう「指導・援助」ではなく，児童生徒の伴走者としてかれらをサポートする「支える」かかわりが必要になるのです。このかかわりはとくに児童生徒が課題を抱えていない時に必要になります。なお，「支える」とは，児童生徒にすべてを任せて教師がまったく何もしない「放任」ではありません。むしろ，児童生徒の成長と発達に能動的に関与していく営みです（たとえば，適所で声かけを行う，意図をもって見守るなど）。

他方，「**指導する**」「**援助する**」かかわりは，児童生徒が課題に直面した時や直面するおそれのある時のかかわりを指します。ここでの課題とは，不登校やいじめの被害など児童生徒が自力で解決することが難しい状況を指します。こうした状況では，児童生徒を支えるだけではうまくいかないことがあり，教職員が積極的に手を差し伸べることが必要になってきます。そのため，指導や援助を行います。

生徒指導提要（2022年版）では，「支える」「指導する」「援助する」というかかわりを総称して，「**支援する**」と呼んでいます。生徒指導とは**生徒支援**であり，児童生徒の成長と発達と適応を支援する教育活動であるといえます。

第2節 生徒指導の目的

次に，生徒指導の目的についてみていきましょう。生徒指導提要（2022年版）のなかで，目的は以下のように説明されています。

> 生徒指導は，①児童生徒一人一人の個性の発見とよさや可能性の伸長と社会的資質・能力の発達を支えると同時に，②自己の幸福追求と社会に受け入れられる自己実現を支えることを目的とする（文部科学省，2022, p.13）。

生徒指導は児童生徒の成長と発達を支える教育活動でしたが，ここでは具体的に児童生徒のどのような成長と発達を支えるのかが示されています。それらは，①「児童生徒一人ひとりが自分の特徴を見つける」「みずからの内にあるよさや可能性に気づいて伸ばす」「社会生活で必要になる資質や能力を身につける」という成長・発達であり，②「将来において自分の幸せと社会の発展の両方を追求できる存在になる（社会的な自己実現を果たす）」という成長・発達です。生徒指導の目的は，児童生徒がみずから（自発的かつ主体的に）こうした状態に向かっていけるように支えることです。

なお，これらの成長と発達には，心理面（自信や自己肯定感等）や社会面（人間関係・集団適応等）での成長・発達だけでなく，学習面（興味・関心・意欲等），進路面（進路意識・将来展望等），健康面（生活習慣等）での成長・発達も含まれています。生徒指導において成長と発達を支えるとは，児童生徒の多様な側面の成長と発達を包括的に支えることを意味しています。

第3節 生徒指導のもう１つの目的――自己指導能力の獲得を支える

生徒指導のもう１つの重要な目的として，児童生徒が**自己指導能力**を獲得できるように支えることがあげられます。この能力の獲得は，前節で述べた生徒指導の目的を達成するために欠かせないものです（文部科学省，2022）。

自己指導能力とは,「児童生徒が，深い自己理解に基づき,『何をしたいのか』,『何をするべきか』，主体的に問題や課題を発見し，自己の目標を選択・設定して，この目標の達成のため，自発的，自律的，かつ，他者の主体性を尊重しながら，自らの行動を決断し，実行する力」と定義されています（文部科学省，2022）。少々わかりにくい定義ですので，以下で整理して説明します。

自己指導能力とは，自己の目標をみずから設定し，その目標を達成するために必要な行動をみずから考えて実行できる力（主体的な目標追求能力）を表しています。ただし，自己の目標をみずから適切に設定するためには，自分が本当にしたいことやしなければならないこと（問題や課題）を把握することや，自己の特徴（長所や短所等）を深く理解することが欠かせません。そして，目標の達成に必要な行動を実行する時には，自分のことだけでなく他者のことも同時に考慮し，尊重しなければなりません。自己指導能力は，これらの資質・能力も含めた総合的な目標追求能力を表しています。

児童生徒は，自己指導能力を獲得し発揮するなかで，自分の個性を見つけたり，自分のよさや可能性に気づいて伸ばしたり，社会的資質・能力を身につけたりすることができると考えられます。また，自己指導能力があれば人生のなかで社会的に自己実現できると考えられます。このように，自己指導能力の獲得は生徒指導の目的を達成するために欠かせないものです。

第4節 生徒指導における４つの実践上の視点

ここまで述べてきた生徒指導の目的を達成するためにどのような実践を行え

表 1-1　生徒指導における 4 つの実践上の視点（文部科学省，2022）

自己存在感の感受	「自分は一人の人間として大切にされている」という自己存在感を，学校生活のあらゆる場面で，児童生徒が実感できるようにすること。また，ありのままの自分を肯定的にとらえる自己肯定感や，他者のために役立った，認められたという自己有用感を育むこと
共感的な人間関係の育成	クラスにおいて，児童生徒たちが自他の個性を尊重し，相手の立場に立って考え，行動できる相互扶助的で共感的な人間関係を創ること
自己決定の場の提供	クラスや学校のルール作りに積極的に関与できるようにする等，児童生徒がみずから思考，選択，決定する機会や場を設け，かれらが自発的・主体的に思考・行動できるようにサポートすること
安全・安心な風土の醸成	お互いの個性や多様性を認め合い，安心して授業や学校生活が送ることができる風土を，教師の支援のもと，児童生徒みずからが築いていけるように支援すること。そのために，教師自身が児童生徒に対して配慮に欠く言動を行うことを避け，児童生徒の人格を尊重してかかわること

ばよいでしょうか。さまざまな実践が考えられますが，ここではそれらを貫く 4 つの視点について説明します。それらは，①**自己存在感の感受**，②**共感的な人間関係の育成**，③**自己決定の場の提供**，④**安心・安全な風土の醸成**です（文部科学省，2022）。それぞれの視点の説明を表 1-1 に示しました。いずれも児童生徒の自発的で主体的な成長と発達を支えることや，一人ひとりのよさと可能性・社会的な資質・自己指導能力を育てることにつながっていくものです。これら 4 つの視点を確認するとともに，生徒指導の目的を達成するためにほかにどのような視点や実践が必要か本書全体を通して考えてみましょう。

生徒指導と教育課程

1．教育課程と生徒指導の関係

教育課程とは，「学校教育の目的や目標を達成するために，教育の内容を生徒の心身の発達に応じ，授業時数との関連において総合的に組織した各学校の教育計画」のことで，各教科と特別の教科道徳，総合的な学習（探求）の時間，特別活動から編成されます（文部科学省，2022）。つまり，生徒指導は**教育課程外の教育活動**ということになります。そのため，教育課程における教育活動と生徒指導の関係はイメージしづらいかもしれません。しかし，『小学校（中学校）学習指導要領』「第１章 総則」では，「児童（生徒）が，自己の存在感を実感しながら，よりよい人間関係を形成し，有意義で充実した学校生活を送る中で，現在及び将来における**自己実現**を図っていくことができるよう，**児童（生徒）理解**を深め，学習指導と関連付けながら，生徒指導の充実を図ること」（文部科学省 2017ab）と，**教育課程内の活動**である学習指導と関連づけて実施することが求められています。以降では，生徒指導がそれぞれの教育課程内の教育活動とどのように関連づけられているのかを見ていきます。

2. 教科の指導と生徒指導

教育課程における活動の中心となるのは教科の学習指導です。岩手県立総合教育センター（2004）は，現職教員へのアンケートで生徒指導に重点的に取り組んでいる場面について尋ね，学級活動や学校行事，部活動などの活動場面よりも各教科の学習指導場面の方が重点的に生徒指導に取り組む場面として考えられていることを報告しています。学校生活の大半の時間を占める授業がわかりやすく，魅力的であることは，児童生徒の学習意欲の向上のみならず，自信や自己肯定感，将来展望などの発達も支援することになり，生徒指導の充実へとつながっていきます。また，表1-2に示すように生徒指導の４つの実践上の視点を学習指導に取り入れることによって，授業内での集団活動の充実や失敗

表 1-2　生徒指導の４つの実践上の視点を生かした学習指導の具体例

（岩手県立総合教育センター（2004）を参考に作成）

自己存在感の感受	どんな発言も無視したり，単に否定して終わらない 授業中の活動に対して承認や称賛，励ましを行う
共感的な人間関係の育成	友だちの発言にうなずいたり，拍手することをうながす 授業中の発言・発表での失敗や間違いを笑われたり，馬鹿にされることがない学級の雰囲気を作る
自己決定の場の提供	生徒が自分の考えを発表する場を設ける 学習課題や方法などを自分で選択する
安全・安心な風土の醸成	一人ひとりの個性が尊重され，安全・安心して授業を受けることができる学級やホームルームづくり 児童生徒への配慮に欠けた言動，暴言や体罰等が行われることのない指導を徹底すること

を恐れずさまざまなことに挑戦する意識の向上へとつながり，よりいっそう豊かな学びの場になることが期待されます。

3. 道徳教育と生徒指導

学校における**道徳教育**とは，学習指導要領によれば、「自己（人間として）の生き方を考え、主体的な判断の下に行動し、自立した人間として他者と共によりよく生きるための基盤となる道徳性を養うこと」（文部科学省 2017, 2018）を目的とした学校教育全体で行われる教育活動です。その活動の中心となるのが**「特別の教科　道徳（道徳科）」**です。2015 年の学習指導要領で，小学校，中学校における「道徳の時間」が「特別の教科　道徳（道徳科）」として教育課程に位置づけられ，道徳教育の充実・改善が図られました。道徳科は，「**道徳的諸価値**についての理解を基に、自己を見つめ、物事を（広い視野から）多面的・多角的に考え、自己（人間として）の生き方についての考えを深める学習を通して、道徳的な判断力，心情，実践意欲と態度を育てる」（小・中学校学習指導要領（2017 年告示）高等学校学習指導要領（2018 年告示））ことを目標としています。こうした道徳教育および道徳科の授業は，児童生徒の人格のよりよい発達を目指すという点で生徒指導と共通しており，相互に関連させながら指導にあたることがそれぞれの指導を充実させることにつながります。たとえば，いじめ問題を授業の題材として取り上げた場合，題材を通していじめの防止について考えることを日常の学校生活場面でのいじめの未然防止へとつなげることは，課題予防的生徒指導における課題未然防止教育となります。また，クラスで実施したいじめアンケート等の集計結果やクラス内での生徒指導上の問題などを授業の題材・教材とすることで，児童生徒がそれらをみずからの問題として感じながら**道徳的心情**や**道徳的判断力**を養うことができると考えられます。

4. 総合的な学習（探求）の時間と生徒指導

総合的な学習（探求）の時間では，「探究的な見方・考え方を働かせ，横断的・総合的な学習を行うことを通して，（自己の生き方を考えながら，）よりよく課題を解決し（ていくための資質・能力を次のとおり育成すること），自己の生き方を考えていくための資質・能力を育成すること」（小・中学校学習指導要領（2017年告示），高等学校学習指導要領（2018年告示））が目標とされ，教科等の枠を超えた**横断的・総合的な学習**とすることおよび**探究的な学習**や**協働的な学習**とすることが求められます。そうした探究的な学習を実現する探究のプロセスを意識した学習活動として，「①課題の設定→②情報の収集→③整理・分析→④まとめ・表現」の探究のプロセスを明示し，学習活動を発展的にくり返していくことが重視されます。このような総合的な学習（探求）の時間の目標・学習方法は，生徒指導が目指す**自己指導能力**を育成するものであり，総合的な学習（探求）の時間における学習指導は，**発達支持的生徒指導**そのものであるともいえます。このことから，各学校において総合的な学習（探求）の時間を充実させることは，生徒指導を充実させることにつながるといえます。

5. 特別活動と生徒指導

特別活動は，「集団や社会の形成者としての見方・考え方を働かせ，様々な集団活動に自主的，実践的に取り組み，互いのよさや可能性を発揮しながら集団や自己の生活上の課題を解決することを通して資質・能力を育成すること」（小・中学校学習指導要領（2017年告示），高等学校学習指導要領（2018年告示））を目標とし，「**人間関係形成**」，「**社会参画**」，「**自己実現**」の３つの資質・能力の育成を目指すものです。こうした資質・能力は，学級・ホームルーム活動，児童会・生徒会活動，クラブ活動，学校行事といった実践的，体験的な集団活動を通じて身につけていくことが求められています。これらの活動を通して，自己や他者についての理解を深め，集団や社会のなかでのかかわりについて学んでいく特別活動は，社会のなかで自分らしく生きることができる存在へと自発的・主体的に成長・発達することを支える発達支持的生徒指導の中核的な場として位置づけることができます。そのため，特別活動として行われる各活動は，生徒指導の４つの実践上の視点を意識しながら取り組んでいくことが大切です。

第6節 生徒指導の体制と組織的な取組

生徒指導の効果を高めるためには，生徒指導を組織的・計画的に進めていくことが欠かせません。そのために各学校では**生徒指導体制**を整えています。生徒指導体制は，①学校の生徒指導の方針や基準を定める，②それを年間の**生徒指導計画**に組み込み，すべての教職員が同じ方向を向いて指導を行えるようにする，③**PDCA サイクル**に沿った計画的な指導を行えるようにするといった役割を果たします。つまり，生徒指導体制は単なる人の集まり（組織）ではなく，学校全体での生徒指導を推進するはたらき（機能）をもった組織体制なのです。

この組織体制の中心にあるのが**生徒指導部**（もしくは生徒指導委員会等）です。生徒指導部は校務分掌の１つに位置づけられるもので（図 1-1），生徒指導主事（もしくは生徒指導主任，生徒指導部長等），各学年の生徒指導担当，教育相談コーディネーター，養護教諭等で構成されます。

このように生徒指導は学校全体で進めていきますが，それを日常場面で実際

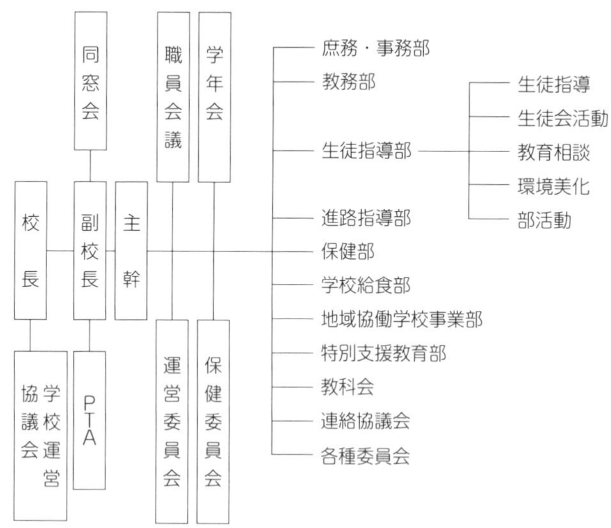

図 1-1　校内分掌の例（中学校）（文部科学省，2010）

に行っていくのは一人ひとりの教職員です。とりわけ**学級担任・ホームルーム担任**は大きな役割を果たします。担任教員はクラスの児童生徒を観察できる機会を多くもち，一人ひとりをよりよく理解できる立場にいます。この立場を活かして積極的に生徒指導を進めていくことが求められています。

その一方で，担任以外の教員（教科担任，養護教諭，部活動顧問等）もそれぞれの立場から重要な役割を果たすことができます。たとえば，悩みを抱えていても，担任の前ではSOSのサインを見せない児童生徒がほかの教職員の前では見せることがあります。このような時，この児童生徒の様子を担任や生徒指導主事等に素早く伝えることで，問題の深刻化を未然に防ぐことができます。

以上のように，すべての教員がそれぞれの役割や立場を活かして積極的に生徒指導を行うことが大切です。そのことによってはじめて一人ひとりの児童生徒の状態を学校全体で十分に把握できるようになり，その結果として一人ひとりに適切な支援を行えるようになります。このような**連携の意義と必要性**をすべての教員が適切に理解し，問題意識や目的意識をもって生徒指導を進めることが求められています。

なお，本節で説明した学校全体で進める生徒指導については第4章で詳しく説明されています。また，担任教員がクラスのなかで進める生徒指導については第5章で詳しく説明されています。

第7節　実践に向かって――児童生徒の権利の尊重

生徒指導を行う時，教師は児童生徒がもっている権利を理解し，尊重しなければなりません。児童生徒の権利は**児童の権利に関する条約**で保障されています。生徒指導を行う時にはこの条約のなかの4つの原則を理解し，遵守しなければなりません（文部科学省，2022）。それらは，①差別の禁止（児童生徒に対するいかなる差別もしないこと），②児童の最善の利益（児童生徒にとってもっとも良いことを第一に考えること），③生命・生存・発達に対する権利（児童生徒の命や生存，発達が保障されること），④意見を表明する権利（児童生徒は自由に自分の意見を表明する権利をもっていること）です。

これらの権利を尊重し保障することは当たり前だと考える読者がいるかもしれません。しかし実際には，体罰や理不尽な校則など，児童生徒の人格を傷つけかれらの権利を侵害する行為が行われている現状があります。そして，それらの行為のなかには，児童生徒のためによかれと思って行っていたり，知らず知らずのうちに行っていたりするものがあります。たとえば，生徒を成長させようとして言った叱責の言葉がその生徒の心を傷つけていたり，性差別やマイノリティの蔑視につながる言葉をうっかり発していたりすることがあります。

「自分」ではなく「他者」の権利となるとその尊重は難しくなるものです。教師が暗に「自分は子どもよりも上の立場にいる」「自分は子どもをコントロールする立場にいる」と考えている場合にはなおのこと難しいでしょう。人権とは何か，なぜ子どもの権利を認め尊重しなければならないのかといった根本について改めて考え，自分の行動につなげていくことが大切です。

（第１～4，6，７節：黒田　祐二・第５節：清水　貴裕）

演 習 問 題

(1) 自分がもっている生徒指導のイメージと定義に示された生徒指導の本来の姿とを比較してみよう。

(2) 生徒指導における「支える」というかかわりについて，具体的にどのようなかかわりや働きかけがあるかを考えて，あげてみよう。

【引 用 文 献】

岩手県立総合教育センター（2004）．中学校における積極的な生徒指導の在り方に関する研究 ――日常の授業に生徒指導の機能を生かす手引の作成をとおして――https://www1.iwate-ed.jp/09kyuu/db/db1/ken_data/center/h16_ken/h16_06.pdf

文部科学省（2010）．生徒指導提要　https://www.mext.go.jp/a_menu/shotou/seitoshidou/__icsFiles/afieldfile/2018/04/27/1404008_02.pdf

文部科学省（2017a）．小学校学習指導要領（平成 29 年告示）https://www.mext.go.jp/content/20230120-mxt_kyoiku02-100002604_01.pdf

文部科学省（2017b）. 中学校学習指導要領（平成 29 年告示）https://www.mext.go.jp/content/2023120-mxt_kyoiku02-100002604.pdf
文部科学省（2018）. 高等学校学習指導要領（平成 30 年告示）https://www.mext.go.jp/content/20230120-mxt_kyoiku02-100002604_03.pdf
文部科学省（2022）. 生徒指導提要　https://www.mext.go.jp/content/20230220-mxt_jidou01-000024699-201-1.pdf

生徒指導の種類と方法

生徒指導にはどのようなものがあるだろう？

生徒指導はすべての児童生徒の発達と適応を支援する教育活動です。この支援を行う時，児童生徒がみずから成長・発達していけるように導き，また，将来において自己と社会の両方の幸せを追求する存在になれるように導きます。

これらは生徒指導の基本理念といえるものであり，各学校において実現することが求められているものです。本章ではこの理念を実現するために欠かせない生徒指導の基本的な進め方（方法原理）について説明します。

第1節 生徒指導の形態──集団指導と個別指導

生徒指導は，集団の場面で行うか，個別の場面で行うかによって，**集団指導**（または**ガイダンス**）と**個別指導**（または**カウンセリング**）に分かれます。これら2つの指導は生徒指導の両輪を成すものであり，その理念を達成するために欠かせないものです。

集団指導とは，集団の場面で児童生徒全体に働きかけることを指します。たとえば，ホームルームの時間にクラスのルールを作ったり，役割や責任を果たすことの大切さを伝えたり，子ども同士で協力しあえる関係を築いたりすることです（コラムも参照）。集団指導は，「一人ひとりの児童生徒は，集団の活動によって社会で自立するために必要な力を身につけることができる」という基本的な考え方（指導原理）に基づいて行われます（文部科学省，2010）。

他方，個別指導とは，個別の場面で（一対一の状況で）児童生徒一人ひとりに働きかけることを指します。これには，教室の外で指導する場合だけでなく，教室のなかで指導する場合も含まれます。たとえば，授業中に私語をした児童生徒に対して，授業後に別室で指導するのも，その場で個別に指導するのも，個別指導になります。また，発達障害や不登校などの課題を抱えた児童生徒を

＊コラム＊集団指導の目的と留意点

集団指導には次の３つの目的があります（文部科学省，2022）。それらは，①一人ひとりの児童生徒の社会の一員としての自覚と責任を育てること，②他者との協調性を育てること，③集団の目標達成に貢献する態度を育てることです。

また，集団指導では次のような集団づくりを行っていく必要があります（文部科学省，2022）。つまり，一人ひとりの児童生徒が，①安心して生活できる，②個性を発揮できる，③自己決定の機会をもてる，④集団に貢献できる役割をもてる，⑤達成感・成就感をもつことができる，⑥集団での存在感を実感できる，⑦他の児童生徒と好ましい人間関係を築ける，⑧自己肯定感・自己有用感を培うことができる，⑨自己実現の喜びを味わうことができる集団づくりです。

教室内外で個別に指導するのも個別指導です。

集団指導と個別指導は，指導の場面や状況が異なっているものの，どちらも「児童生徒一人ひとりを育てる」という点で共通しています（相川，1980）。集団指導はクラス全体に働きかけることですが，「全体への働きかけを通して一人ひとりの児童生徒を育てる」ことを目指しています。たとえば，「子どもたち同士で協力しあう」というクラスの目標を設定する時，それをただ単に一斉に伝えるだけでは，一人ひとりの児童生徒を育てることになりません。協力の大切さを一人ひとりの児童生徒が理解し，それぞれが自分の意志でみずから行動できるように導く必要があります。そのためには，話し合いを重ねてすべての児童生徒と一緒に目標を作っていくことや，一人ひとりが納得できるように誠実に言葉を伝えていくことが欠かせません。

このように，教師は個と集団の両方が育っていくように集団指導を行っていく必要があります。しかしながら，集団指導によって児童生徒がいつでもうまく行動できるわけではありません。そのため，教室内外での個別指導を通して一人ひとりに働きかけ，それぞれを支えていきます。このような個別指導を行うことによって，「すべての児童生徒の成長と発達を支える」という生徒指導の目的を実現することができます。

個の成長と集団の成長は相互によい影響を与えあいます。つまり，クラスのなかで一人ひとりが成長することでクラス全体が成長し，クラス全体が成長することで一人ひとりがさらに成長していきます。教師はクラスの一人ひとりの児童生徒のよさや違いを大切にして，集団のなかでそれぞれの個性を伸ばすことが結果的に集団を成長させることになるということを強く意識して，クラスを運営していく必要があります（文部科学省，2010）。

第2節 生徒指導の種類と構造――重層的支援構造について

生徒指導には4つの種類があります。それぞれ，**発達支持的生徒指導**，**課題未然防止教育**，**課題早期発見対応**，**困難課題対応的生徒指導**と呼ばれます。図2-1に示されている通り，これらは4つの層で成り立つ1つの構造としてとらえることができます。このように4層で構成される生徒指導の構造のことを**重層的支援構造**と呼びます（コラムも参照）。

4つの層は，指導対象，指導目的，課題状況によって分かれています。それぞれの要点を表2-1にまとめました。以下で各層について詳しく説明します。

発達支持的生徒指導とは，すべての児童生徒を対象にした指導であり，一人ひとりの発達を支えていく指導を指します。具体的には，児童生徒が個性を発見し，よさや可能性を見つけて伸ばし，社会的資質・能力を獲得できるように支える指導を指します。より具体的には，自己理解力や自己効力感，他者理解力や共感性，コミュニケーション力や人間関係形成力等が育っていくように支

＊コラム＊2軸3類4層構造

これまで生徒指導は「指導を課題の発生前に行うか発生後に行うか」という2軸に沿って「プロアクティブ」と「リアクティブ」に分類されたり，「どのような目的で行うか」によって「発達支持的」「課題予防的」「課題困難対応的」の3類に分類されたりしていました。これに対して，生徒指導提要（2022年版）では，課題予防的生徒指導を課題未然防止教育と課題早期発見対応に分け，生徒指導を4層に分類しました。図2-1は，これら2軸3類4層からなる生徒指導の構造を表していることから，**2軸3類4層構造**とも呼ばれます。

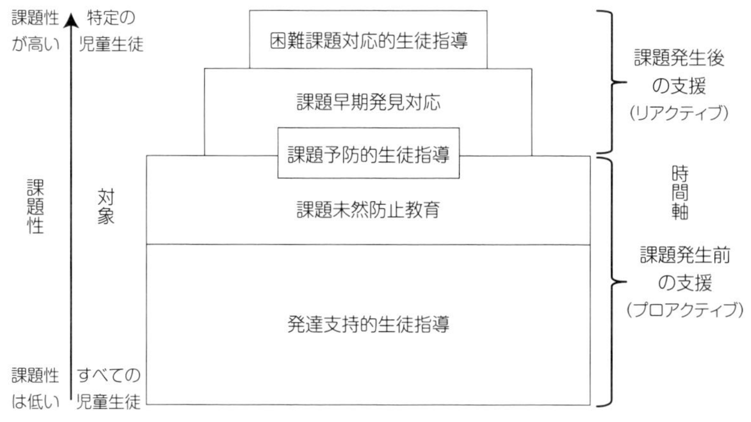

図 2-1　生徒指導の重層的支援構造（文部科学省（2022）に基づき作成）

えます。発達支持的生徒指導では，あくまでも児童生徒が自発的・主体的にみずからを発達させていくことを尊重し，その自発的・主体的な発達の過程をどうやって支えていくかという視点で指導を行っていきます（文部科学省，2022）。この指導は教育課程内外のすべての教育活動のなかで行われ，児童生徒への声かけ，励まし，賞賛，対話や，日々の授業や行事等における個と集団への働きかけなど，日常的な指導もこれに含まれます。発達支持的生徒指導は，重層的支援構造の最下層に位置している通り，すべての生徒指導の基盤や土台になるものであり，きわめて重要な教育活動です。

課題未然防止教育もすべての児童生徒を対象にした指導ですが，こちらは深刻な課題（問題）の発生を未然に防ぐための教育を指します。発達支持的生徒指導よりも問題発生のリスクを意識した指導です。たとえば，いじめ防止教

表 2-1　4 つの生徒指導の要点

生徒指導の種類	指導の対象	指導の目的	課題性
発達支持的生徒指導	すべての児童生徒	発達を促進する	低い
課題未然防止教育	すべての児童生徒	課題の発生を防ぐ	↑
課題早期発見対応	気がかりな一部の児童生徒	発生した課題の進行を防ぐ	↓
困難課題対応的生徒指導	深刻な課題を抱えた特定の児童生徒	進行した課題に対応する	高い

育，自殺予防教育，薬物乱用防止教育，情報モラル教育，非行防止教室等がこれに該当します。課題未然防止教育は，専門家の協力を得ながら，年間指導計画に位置づけて計画的かつ継続的に行います。

課題早期発見対応は，気がかりな一部の児童生徒を対象に行う指導であり，問題の予兆を早期に発見し，迅速に対応することを指します。たとえば，成績の急落，遅刻・早退・欠席の増加，反抗や反発の急激な増加，身だしなみの変化など，児童生徒の異変やSOSのサインに素早く気づき，即座に対応することです。これにより，児童生徒が抱えている課題が深刻な状態へと発展することを防ぎます。なお，課題未然防止教育と課題早期発見対応は，それぞれ課題の発生と進行を予防する指導であることから，両者を合わせて**課題予防的生徒指導**と呼びます。

困難課題対応的生徒指導は，いじめや不登校など困難な課題を抱えてしまった特定の児童生徒を対象に行う生徒指導です。この指導では，教職員と関係者が連携し，支援チームを結成して，一人ひとりの児童生徒に対応します。連携では，校内の教職員同士で協力するだけでなく，校外の関係機関（教育委員会，警察，病院，児童相談所等）とも協力して，援助や指導を進めていきます。

なお，これら4つの生徒指導は，大きく**プロアクティブな生徒指導**（proactive）と**リアクティブな生徒指導**（reactive）に分かれます（図2-1の右端）。前者は「課題が発生する前に行う先行的な指導」を指し，後者は「課題が発生した後に行う事後的な指導」を指します。生徒指導というとリアクティブな生徒指導がイメージされやすいですが，これからの生徒指導ではプロアクティブな生徒指導をより積極的に行うことが求められます（文部科学省，2022）。そもそも生徒指導とはすべての児童生徒の発達と適応を支える教育活動であり，プロアクティブな生徒指導は生徒指導そのものであるといえます。プロアクティブな指導によって，児童生徒は社会のなかで自分らしく生きていくための資質・能力と困難な課題を乗り越えるための資質・能力を身につけることができるのです。

以上4層支援について説明してきましたが，これらの支援は生徒指導の基本理念（定義と目的）を実現するために欠かせないものです。生徒指導の基本理念はすべての児童生徒の発達と適応を支援することですが，一人ひとりの発達と適応の状態は異なっており，良い状態の子どももいれば悪い状態の子もいます。たとえば，元気に登校できている子どももいればそうでない子もいます。また，1人の児童生徒のなかでも，良い状態から悪い状態へと変化することがあります。たとえば，元気に登校していた子どもが，休み始めたり不登校になったりすることがあります。このような状態の違いに応じて支援のあり方を変えていかなければ，すべての児童生徒の発達と適応を支援したことになりません。4層支援は児童生徒の発達と適応の状態に応じた支援のあり方（生徒指導の方法原理）を示したものであり，生徒指導の基本理念を実現するために欠かせないものなのです。

本書の各章において，4層支援の具体的内容が示されています。学校やクラスにおける発達支持的生徒指導と課題予防的生徒指導については，第4～5章を確認してください。また，個別の課題（いじめ，不登校，非行など）に関係する4層支援については，第6～8章を確認してください。

第3節　連携とチーム支援

児童生徒の抱える課題は複雑化・深刻化しており，学校での指導や対応が難しくなっています。こうした背景から，教職員と関係者が互いに協力して，**連携**をとりながら支援を行うことが求められています。

連携による支援は**チーム**で行います。支援の目的や内容に応じて，メンバーの異なるチームが結成されます。これには，**機動的連携型支援チーム**，**校内連携型支援チーム**，**ネットワーク型支援チーム**があります（表2-2）。1人の児童生徒に対して1つのチームが結成され，支援が進められます。

なぜ生徒指導において連携が必要になるのでしょうか？第1に，「教員1人では対応できない課題に対応するため」という理由をあげることができます。たとえば，担任1人で不登校の児童生徒の支援を行うのは困難であり，校内外の教職員・専門家の協力が欠かせません。第2に，「支援の効果を高めるため」という理由をあげることができます。たとえば，不登校の児童生徒を教職員と専門家が協力してアセスメントすることで，当該児童生徒の理解が深まり，支

表 2-2　支援チームの種類と内容（文部科学省，2022）

機動的連携型支援チーム	主に課題早期発見対応において，児童生徒を早期の段階で支援するために結成される。迅速に対応するため最小限のメンバーで構成され，学級担任が生徒指導主事や学年主任等とチームを結成して支援を行う。
校内連携型支援チーム	困難課題対応的生徒指導や課題早期発見対応において，校内の教職員（担任，学年主任，校務分掌主任，生徒指導主事，教育相談コーディネーター，養護教諭，SC，SSWなど）がチームを結成し，ケース会議を開催したり支援計画を立案・実行したりする。生徒指導主事や教育相談コーディネーター等がコーディネーターとなる。
ネットワーク型支援チーム	主に困難課題対応的生徒指導において，校外の関係者や専門機関の協力が欠かせない時に結成される。校内の教職員が，教育委員会，児童相談所，医療機関等と連携・協働して，それぞれの役割や専門性を活かしながら継続的に支援を行う。

援の質が高まることがあります。どちらの理由にしても，「よりよい支援を行うために連携は必要である」という点では共通しています。

このように連携を行うのには重要な理由があるのですが，実際には連携の主旨が誤解されているケースや，連携が形骸化してしまっているケースがみられます。たとえば，外部の関係者に支援が丸投げされているケースや，児童生徒の情報を交換しただけで肝心の支援がおろそかになっているケースがみられます。連携の本来の主旨を確認するとともに，今後は連携の進め方を工夫することが必要です。

その工夫の１つとして，連携を「情報レベルでの連携」と「行動レベルでの連携」とに分けて理解し，これら２つの連携を着実に行っていくことがあげられています（国立教育政策研究所，2011）。情報レベルでの連携は**情報連携**と呼ばれ，支援対象になっている児童生徒の状況と支援の方針に関する情報をチーム内で共有することを指します。行動レベルでの連携は**行動連携**と呼ばれ，チーム内のすべてのメンバーが役割分担に基づいて組織的に支援を実行することを指します。連携においては情報連携で止まってしまうのではなく，そこから行動連携に移らなければなりません。情報連携から行動連携に移るためには，情報連携において児童生徒の情報を単に交換するだけでなく，支援の具体的な目的と方法を検討することやそれに基づいて各自の役割を明確に定めることが必要です。そして，一人ひとりのメンバーが責任をもって役割を遂行し，チーム全体として支援を進めていくことが必要です。

本書の各所において連携の具体例や実践例が示されています。それぞれを確認してください。

第4節　実践に向かって——教えると支える，ティーチングとコーチング

生徒指導は，児童生徒がみずから育っていくのを支える教育活動です。たとえば，ルールを守らなければならない時，児童生徒がルールの意味や必要性にみずから気づき，主体的にルールを守っていけるように支えます。こういった生徒指導は学校のあらゆる場面の日常的なかかわりのなかで行われます。

教師の日常的な指導行動は，**ティーチング**と**コーチング**に分けることができます。ティーチングとは，する必要のある行動を児童生徒に教えたり示したりすることです。たとえば，ルールを守らなければいけない場面で，指示や助言によってルールを守らせることです（例「○○しなさい」「××しましょう」）。他方，コーチングとは，する必要のある行動を児童生徒がみずから考えて実行できるように支えることです。たとえば，上の場面で，指示を与えるのではなく質問等によって児童生徒の考えを引き出し，かれらが自分で答えを導き出すのを支えることです（例「どうすればよいだろう？」「何が大切だろう？」）。

ティーチングは基本的に「教師が答えをもっており，それを児童生徒に授ける」というスタンスで行います。他方，コーチングは「児童生徒が答えをもっており，教師はそれを引き出す」というスタンスで行います。児童生徒が同じ答えに辿り着いたとしても，その過程はまったく異なります。

生徒指導ではティーチングもコーチングもどちらも必要です。しかしながら，発達支持的生徒指導においてはコーチングがより必要になるでしょう。指示されて教わるだけでは，「自発的・主体的に成長する」ことができません。その時その場で必要とされる行動（答え）を自分で考え実行することの積み重ねが，児童生徒の自発的で主体的な成長を導くと考えられます。

このようにコーチングの重要性が頭ではわかっていても，行動として実践できない場合があります。これにはさまざまな理由が考えられます。たとえば，ティーチングの方が楽だからという理由が考えられます。児童生徒から答えを引き出すより，それを言ってしまった方がずっと楽です。また，「児童生徒にこうなってほしい」という期待や「児童生徒はこうでなければいけない」という信念が強すぎると，ティーチングが多くなるでしょう。このような期待や信念が強いと，児童生徒をコントロールしようとするようになり，結果として指示や命令といったティーチング行動が増えることになります。

教師に必要なのは，自分のなかにあるこのような傾向を自覚し，日々の指導のなかでそれに気づいて柔軟に修正できることです。教師といっても１人の人間ですから，完璧な指導というのはありえません。また，生徒指導の理念について改めて考えておくことも大切です。それは生徒指導の定義と目的に示されています。定義や目的に示されていることがなぜ大切なのか，その理由や意味をさまざまな体験をふり返りながら考えてみましょう。　（黒田　祐二）

演 習 問 題

重層的支援構造のなかで示された生徒指導の４つの層について説明した上で，学校においてなぜこれら４つの層の支援が必要なのかを考えよう。

【引 用 文 献】

相川高雄（1980）. 個別指導の場と方法　飯田芳郎・沢田慶輔・鈴木清・樋口幸吉（編）新生徒指導事典（pp.258-259）第一法規出版

国立教育政策研究所生徒指導研究センター（2011）. 生徒指導資料第４集　学校と関係機関等との連携――学校を支える日々の連携――https://www.nier.go.jp/shido/centerhp/4syu-kaitei/pdf/4syuu_all.pdf

文部科学省（2010）. 生徒指導提要　https://www.mext.go.jp/a_menu/shotou/seitoshidou/__icsFiles/afieldfile/2018/04/27/1404008_02.pdf

文部科学省（2022）. 生徒指導提要　https://www.mext.go.jp/content/20230220-mxt_jidou01-000024699-201-1.pdf

新村出（編）（2008）. 広辞苑第六版　岩波書店

3 生徒指導における児童生徒理解

どのように子どもを理解するか？

困難課題を抱える児童生徒の支援計画を立てる上で，その児童生徒の状態を知るのはもちろんのこと，その困難課題がどのように維持されているのか，解決に利用できる資源にはどのようなものがあるかなど，さまざまな情報を得て総合的に児童生徒についてアセスメントを行い，理解していくことが必要になります。ひとくちに情報を得るといっても，どのような情報を得ることが困難課題を抱える児童生徒の支援になるのでしょうか？ そして情報の収集方法によって得られる情報それぞれに特徴があります。本章では，どんな情報をどのようにして収集することがアセスメントにつながるのかを考えていきます。

第1節 児童生徒理解とアセスメント

「児童（生徒）が，自己の存在感を実感しながら，よりよい人間関係を形成し，有意義で充実した学校生活を送る中で，現在及び将来における自己実現を図っていくことができるよう，児童（生徒）理解を深め，学習指導と関連付けながら，生徒指導の充実を図ること」と小学校（中学校）学習指導要領総則（文部科学省，2017ab）に記載されているように，生徒指導を行っていく上では，児童生徒理解を深めることが重要とされています。生徒指導を行う上で児童生徒理解を深めるとはどのようなことを意味しているのでしょうか。生徒指導の目標である児童生徒一人ひとりが社会のなかで自分らしく生きていくことができるよう支援していくためには，本人の興味関心や，将来どうなりたいかなどの志向性や将来展望についても把握しておくことはもちろん必要ですし，個性や能力・適性，性格などの個人的特徴について知ることや，どのようなかかわり

方が本人の力を伸ばすことに有益かを知ることも必要でしょう。また，なんらかの困難課題を抱えている児童生徒の支援を行う場合，当該児童生徒の悩みやその問題の状況および程度，どのような解決が考えられるか，有効な支援は何かなどを考える必要があります。そして，学習面，心理・社会面，進路面，家庭面および学校生活面といった多面的な情報を収集・分析し，総合的に当該児童生徒を把握した上で，当該児童生徒の状況について仮説を立て，支援の目標や方法を決めていきます。この一連のプロセスのことを**アセスメント**（見立て）と呼びます。つまり児童生徒理解を深めるというのは，このアセスメントの作業を行っていくということにほかなりません。アセスメントを行うためには情報をどのように収集するかが重要になります。文部省（1990）は，児童生徒を理解するための情報収集の方法として，**主観的理解**，**客観的理解**，**共感的理解**の3つの方法をあげています。次節からはこの3つの方法による情報収集の特徴について述べていきます。

生徒指導における主観的理解とその問題点

1．他者理解に影響する「認知の枠組み」

主観的理解とは，教師の直感，印象，経験等によって児童生徒をとらえ理解することで，教師のみならず私たちが他者を理解しようとする際，日常的に用いている情報収集および理解の方法です。

私たちは，他者に関するさまざまな情報から，その人の性格特徴や行動の原因などを推測しようとします。その時に参照する知識の枠組みを**スキーマ**と呼びます。スキーマは，私たちがなんらかの情報を処理する際に働く知識の集合体です。たとえば，大学の新学期開始時にあなたが教室に座って授業が始まるのを待っていると，ある人が教室に入ってきて教卓の前に立ち，自己紹介もせず話し始めるという場面があったとします。こうした場面でこの話し始めた人物を誰だろうと不審がることはありませんし，あなたをはじめ，教室に座っている学生はみんな静かにその人の話を聞くのではないでしょうか。それは最初に自己紹介をされなくても，置かれた状況やみなさんがもっている大学での授業に関する知識から，その人物を授業担当教員だと理解するからです。このように，私たちがすでにもっている知識を使って断片的な情報をつなぎ合わせ意味づけることがスキーマのはたらきです。それによって私たちは素早くそして効率よく相手がどのような人物なのかを把握できます。一方で，他者を理解するための断片的な情報をつなぎ合わせる際に，情報を取捨選択したり，そこにはない情報によって穴埋めしたりすることで他者に対する理解を歪めることがあり，これを**認知的バイアス**と呼びます。次項では代表的な認知的バイアスについて見ていきます。

2. 代表的な認知的バイアス

①**ステレオタイプ**：ステレオタイプとは，たとえば，「日本人は勤勉だ」，「ラテン系の人は陽気だ」などのように，特定の集団に属する人々に対して抱く固定的で一般化されたイメージのことを指します。日本人のなかには勤勉ではない人もいることを日本人であればもちろん知っていますし，ラテン系の人のなかにも陽気ではない人がいるはずですが，ステレオタイプをもつとそうした集団のなかの個別性に目が向きにくくなります。

②**ラベリング効果**：ある人になんらかのラベル（レッテル）を貼って理解することで，その人がラベルに沿った行動やふるまいをするようになる現象を指します。たとえばある生徒に対して，教師が「不良だ」とラベルを貼ることによって，ラベルを貼られた本人が非行行動を行うようになるというものです。これは単にラベルを貼ることが影響するというよりも，周囲が「不良だ」と認識することで不良として接する（例：その生徒だけちょっとした校則違反で注意・指導するなど）ようになることで，ラベルを貼られた生徒がそうした周囲の接し方に応じたふるまいをするようになるためと考えられます。

3. 認知的バイアスの影響を少なくするために

より良い児童生徒理解のためには，これまで述べてきたような主観的理解における認知的バイアスの影響を少なくすることが必要になってきます。そのためには，自分がどんな認知的バイアスをもっているのかを知ることが大切です。ここまで述べてきた認知的バイアスは多くの人がもっている一般的なものでしたが，そのほかにも私たちは個々の経験から作り上げてきた枠組み（対象の見方，価値基準など）によって他者を評価したり判断したりしています。まずはそうした自分のもつ枠組みに気づくことで，それを脇に置いて児童生徒理解をしようとする姿勢をもつことができるようになります。その上で資料などを用いた客観的な枠組みからの理解（客観的理解）と児童生徒のもつ枠組みからの理解（共感的理解）も合わせて利用していくことで，認知的バイアスの少ない，より良い児童生徒理解につながります。

第3節　生徒指導における客観的理解の利用

1．観察による客観的理解

児童生徒理解において，日頃の児童生徒の行動や表情などについてのきめ細かな観察は非常に大切です。一方で，第2節で見てきたように，私たちは他者の内面や性格特徴などについて外見や行動から推測し，偏った理解をしてしまうことがあります。そのため，日頃の児童生徒の観察において大切なことは，そうした内面の推測ではなく，「いつもとちょっと違うな」という児童生徒の変化や違和感に気づくことです。そうした気づきが児童生徒の抱える悩みや課題を早期に察知し，未然に防ぐことにつながります。児童生徒の変化に気づくために，担任教師は常日頃からクラスの児童生徒一人ひとりについてよく観察することが求められます。

また，たとえば授業中に離席をくり返して授業に参加しなかったり，そのために授業が中断してしまうというような，児童生徒の気になる行動に対しての支援を考える場合，どのような頻度でその行動が起きるのか，どのような状況で生じるのかといった行動の記録をとっておくと，行動の理解や支援計画を立てる際に役立ちます。観察した行動を記録し分析する方法を**観察法**，そのなかでも観察する行動や場面をあらかじめ決めて，計画的に観察する方法を**組織的観察法**と呼びます。気になる行動がどのような頻度で生じているかを知りたい場合は，たとえば各授業時間ごとなど任意の一定時間間隔で区切って，それぞれの授業時間に何回離席があったかなど，対象となる行動が生じたかどうか，あるいは何回生じたかを記録していく**時間見本法**が用いられます。また，気になる行動がどのような状況で生じて，どのような経過をたどって終わったかを記録したい場合は，**事象見本法**を用います。たとえば，国語の授業中（いつ），みんなが感想文を書いている時（状況），席を立って歩き回り，まわりの子にちょっかいを出した（行動），教師が注意し，席に連れ戻した（結果）というような一連のプロセスを記録用紙に記入していきます。事象見本法による記録では，気になる行動だけではなく適切な行動が生じている場合も記録することができます。気になる行動が生じている状況と生じていない状況の比較は，その行動を維持している環境やかかわりが何かを特定し，どのような環境を用意することやかかわりが児童生徒の適切な行動を引き出すかを検討する上で効果的です。こうした組織的観察法を用いる場合，一度に複数の行動を記録するのは難しいため，その児童生徒の気になる行動のうち，支援の必要性が高い行動にしぼって観察を行っていきます。

こうした組織的観察法による情報収集は，普段の学校生活のなかでの児童生徒の様子を教師が観察・記録するだけなので，子どもへの侵襲性が低い（子どもにあまり負担をかけない）ことが長所としてあげられます。そして行動観察が中心なので，言葉で自分の行動を説明するのが難しい低年齢の子どもやなんらかの障害を抱えた子どもの行動理解に役立ちます。一方で，対象となる行動が生じるのを待たなければいけないので，生起頻度が少ない行動にはあまり向いていない方法といえます。

2. 調査法・検査法による客観的理解

調査法や**検査法**はなんらかの課題や作業を児童生徒に与え，それに対する児童生徒の反応を情報とする方法です。調査法は，学校や教師個人が調べたい目的に応じて独自に作成したアンケートによって児童生徒の意見や情報を収集する方法で，たとえば生活実態調査やいじめアンケート調査などが該当します。一方，検査法は，測定対象を正しく測定できているかどうか（**妥当性**），測定結果が安定しているかどうか（**信頼性**）がチェックされ，実施手順や採点方法などが決められた検査道具や手続きを用いて情報収集する方法を指します。学校で用いられる検査法には**性格検査**や適性検査，**知能検査**などがあり，心理検査として総称されることもあります。以下に代表的な心理検査として**質問紙法検査**と**投影法検査**をあげます。

3. 質問紙法検査

質問紙法検査は，紙にあらかじめ書かれた質問（例「人前に出ると緊張する」）に対して，「はい／いいえ／どちらとも言えない」などの選択肢から回答を選ぶ方法で，集団でも実施しやすく検査結果も比較的簡単に整理・分析できることから学校場面でも広く用いられている心理検査です。質問紙法による心理検査の種類は非常に多く，多岐にわたります（表3-1）。たとえば児童生徒個人の性格特徴を総合的に把握することを目的とするもの（YG性格検査等）や抑うつや不安など特定の感情・情緒状態を査定する心理検査（自己評価式抑うつ尺度等）のような個人の心理状態を測る検査だけではなく，学級集団の状態を把握する尺度（Q-U等）なども活用されています。

質問紙法による心理検査は，学校でも簡便に実施することができるという長所がある反面，質問項目の内容から検査意図がある程度推測できるため，児童生徒が意図的に望ましいと思われる回答（例：実際には行っていないのに「毎日予習復習をしていますか」という質問に「はい」と回答する）を行うことができます。望ましい回答があるようなアンケートでは，そうした回答を防ぐために，無記名回答にするなどの工夫が必要になります。

表3-1　学校場面で用いられる質問紙法検査

領域	心理検査名
性格特徴	東大式エゴグラム（TEG），YG（矢田部ギルフォード）性格検査，ミネソタ多面的人格目録性格検査（MMPI）
感情・情緒	自己評価式抑うつ尺度（SDS），ベック抑うつ質問票（BDI），顕在性不安尺度（MAS）
健康状態	CMI健康調査票，GHQ精神健康調査票
進路，適性	SDSキャリア自己診断テスト，職業レディネス・ラスト（VRT）
学力，学習適応	標準学力検査NRT，学習適応性検査
学級集団	Q-U楽しい学校生活を送るためのアンケート，ソシオメトリックテスト
家族関係，社会適応	親子関係診断検査，診断的新親子関係検査，S-M社会生活能力検査

4. 投影法検査

投影法検査は，児童生徒が自由に回答・反応することができる刺激（課題）を用いて行う心理検査です。表3-2にあるように刺激の種類はさまざまで，たとえば代表的な投影法検査のひとつである**ロールシャッハ・テスト**（ロールシャッハ法）は，インクのしみでできた左右対称の図版を視覚刺激として見せて，何に見えるかを尋ねる方法です。また，学校現場でよく用いられるバウムテストは，「実のなる木を一本描く」という教示を刺激として，自由に木を描いてもらう方法です。これら投影法検査は刺激に対する自由な反応を求めるため，質問紙法検査に比べて得られる情報量が多く，個人の特徴が反映されやすい点が長所としてあげられます。また，検査目的が推測しづらいために望ましい回答を行うことが難しく，そのため本人が自覚していない特徴が現れやすいとされています。一方で，個別で実施する検査が多く時間もかかることや，検査に習熟していないと結果の整理や解釈が難しいことから，学校現場では主にスクールカウンセラーがカウンセリング場面で児童生徒を理解する際などに用いられています。

5. 知 能 検 査

知能検査は，個人の知的側面に関する特徴を客観的に把握するための手続きです。現在，さまざまな種類の知能検査が開発されていますが，大きくは**個別式知能検査**と**集団式知能検査**に分けることができます（表3-3）。個別式知能検査は知的活動に関して詳しい情報を得るために利用され，医療機関や教育センター，児童相談所等で用いられています。一方，集団式知能検査は，小学校や中学校で用いられており，特定の学年全員がクラス単位で受検するというように各学校で計画的に実施されています。知能検査の種類によって測定される知

表3-2　投影法検査の種類

刺激の種類	心理検査名
視覚的刺激	ロールシャッハ・テスト，主題統覚検査（TAT）
言語的刺激	文章完成法テスト（SCT）
視覚・言語的刺激	絵画欲求不満テスト（PF スタディ）
描画（教示による刺激）	バウムテスト，House-Tuee-Person（HTP）テスト

表 3-3　知能検査の種類

種類	心理検査名
個別式知能検査	ウェクスラー児童用知能検査（WISC） ウェクスラー成人知能検査（WAIS） 田中ビネー知能検査 K-ABC 心理・教育アセスメントバッテリー DN-CAS 認知評価システム コース立方体組み合わせテスト
集団式知能検査	田中式知能検査 京大 NX 知能検査 東大 A-S 知能検査

的側面はさまざまですが，多くの知能検査では検査結果を数値化して指標を算出します。知能検査の代表的な指標に**知能指数**（Intelligence Quotient：IQ）があります。現在用いられている知能検査で算出される IQ の多くは，偏差 IQ と呼ばれるもので，同年齢集団内での個人の相対的な位置を数値で表します。IQ は児童生徒の知的機能を把握する上で有用な情報ですが，数値で示されるために知的能力全体を表す絶対的な指標として見てしまいがちになります。しかし検査場面で得られた結果と学校場面の学習状況はイコールではありません。また，検査結果は固定的なものではなく，子どものその日の気分や体調，検査をした人や実施した環境などさまざまな要素の影響を受けて変動するものだと理解しておくことが大切です。そして検査結果を実際の学校生活のなかでの行動観察と照らし合わせてみることで，児童生徒の行動に対する理解がより深まります。

第4節　生徒指導における共感的理解

共感的理解について，生徒指導資料第 21 集「学校における教育相談の考え方・進め方」（文部省，1990）では，「教師が生徒自身の立場を尊重して話を聞き，本人自身が示す感情の流れに対して反応することによって生徒の訴えの真意を理解しようとするもの」と述べられています。

もともと「共感的理解」という言葉は，**来談者（クライエント）中心療法**というカウンセリングのなかで用いられている，カウンセラーがカウンセリングを行う際にもつべき態度のひとつで，相手が体験していることを，ありありと，あたかも本人と同じ体験をしているかのように聴くことを指しています。この

「聴く」ということが共感的理解をする上ではとても大切になります。私たちは自分の体験したことを人に説明する時，その体験を頭のなかでイメージしてそれを言葉にします。たとえばA君があなたに「昨日，B君とケンカをした」と話す場合，A君はB君とケンカをした場面をイメージしながら話しているでしょう。同じ体験をしているかのように聴くためには，話し手が頭の中でイメージしているものと同じイメージをもちながら聴くことが必要です。しかし第2節で述べたように私たちは経験や価値観など自分の枠組みから話を理解しようとしてしまうため，それらをいったん脇において話を聴くことが大切です。相手とイメージを共有できてはじめて「そういう体験をしたのであればたしかにそういう気持ちになるよね」と児童生徒の感じていることに対して共感的に理解することができたといえます。

第5節　実践に向かって――総合的に児童生徒を理解するために

1. 3つの児童生徒理解からの統合的理解

第2節から第4節では，主観的理解，客観的理解，共感的理解の3つの方法によって得られる情報の特徴についてみてきました。これら3つの方法はそれぞれに長短があり，それぞれの理解の方法で得られた情報で相互に補いあいながら，バランスのとれた児童生徒理解を行っていくことが求められます。たとえば児童生徒の対人関係の特徴は，日常的に児童生徒とつき合うなかで形成される印象のような主観的情報と，性格検査などから得られる客観的情報とを突き合わせることで，対象となる児童生徒の日頃の他者とのかかわり方についての理解を深めることができます。さらにこうした主観的理解や客観的理解は，児童生徒を外側からみて得られる情報であるため，児童生徒を内側からみた情報，すなわち共感的理解によって得られた情報と合わせることによって，教師と児童生徒の双方の立場から児童生徒像をつかんでいくことが可能になります。また，児童生徒やかれらを取り巻く課題について総合的に理解を深めアセスメントを行っていくためには，これらの理解の方法を用いてどのような観点に基づく情報を得るかを考えなければなりません。次に，児童生徒を理解する上で有用な

2つの観点を紹介します。

2. 児童生徒を総合的に理解する観点

児童生徒を総合的に理解する観点の1つは，児童生徒を取り巻く課題を解決していく上で資源となることや苦戦していることを領域ごとにとらえてアセスメントすることです。表3-4に示すように，それぞれの領域ごとに子どもの資源や強み，うまくいっていることと，苦戦していることや支援が必要なことの両面を書き出してみると，困難課題を抱えた子どもの状態が必ずしもネガティブな面ばかりではなく，うまくいっている面もたくさんあることがわかります。そして解決の手がかりが視覚的にわかり，それらの情報をチーム内で共有することにも役立ちます。

もう1つの観点として生徒指導提要でも提案されているのが，**生物・心理・社会モデル**（BPSモデル）という観点からのアセスメントです。この観点では，困難課題を抱える児童生徒を身体（健康）面，心理面，社会（環境）面の3つの側面から検討していきます。たとえば，不登校状態にある児童生徒のアセスメントを例にあげると，身体（健康）面では，睡眠や食事，体調不良等の状況について，心理面では最近の気分・感情の状態や意欲・関心，活動性，自己認知等につい

表3-4　子どものもつ資源と苦戦していることからのアセスメント例（下山（2014）を参考に作成）

	学習	対人	進路	心理・性格	健康	家庭
子どものポジティブな面（長所，強み，うまくいっていること，資源等）	もともと成績は優秀。とくに数学が得意。	誰とでも仲良くできる，クラスのまとめ役。	将来的に大学への進学意欲が非常に高い。	本来，明るく元気で，何事にも手を抜かない。	もともと，身体を動かすことが大好き。テニスが得意。	父親ととくに仲が良い。ペットのお世話をよくする。
子どものネガティブな面（苦戦しているところ，気になるところ，支援が必要なところ等）	休んでいるあいだに勉強が遅れていることを気にしているが手につかない。	クラスメイトにどう思われているか気になり，会うのを恐れている。	欠席や学習の遅れが高校進学に影響して，大学にも行けないのではと心配している。	負けず嫌いで周囲に頼れず，一人で頑張りすぎるところがある。今の自分を情けないと感じている様子。	現在は生活のリズムが不安定で，食欲もあまりない。	家族の前でも弱音を言わず，気を遣っているところがある。

て，社会（環境）面では，学校での人間関係や家族関係，家庭環境等についてそれぞれどのような状態かを把握していきます。またBPSモデルでは，これら３つの側面の相互性を考えながら統合的に理解していくことが重視されます。たとえば不登校状態にある生徒に，睡眠リズムが乱れて朝起きられない（身体面），物事への意欲がない（心理面），家族との会話がない（社会面）というような状況がみられた場合，睡眠不足が意欲の低下に影響していることが考えられますし，意欲の低下が他者と関わるエネルギーの低下として家族との会話に影響している可能性も考えられます。このように，相互の影響を考えながら児童生徒の困難課題がどのように維持されているのかを考えていくことが大切です。

チームで児童生徒の支援について考える際には，どのような観点からアセスメントするかをあらかじめ共有しておくことで，チーム全員が同じ視点から子どもを見ることができるようになります。（清水　貴裕）

＊コラム＊性（LGBTQ）の理解　性的マイノリティに関する課題と対応

LGBTは，レズビアン（Lesbian），ゲイ（Gay），バイセクシュアル（Bisexual），トランスジェンダー（Transgender）の４つの性的マイノリティの頭文字をとった総称で，性の多様性を表す言葉です。このうちLGBは性的指向（恋愛や性愛の対象が誰であるか）を表し，Tは性別違和（出生時に割り当てられた性別に違和感や不快感をもつこと）を表しています。また，自身の性のあり方がわからない人を表すQuestioning（あるいはQueer）など，より多様な性指向・性自認等を含めたLGBTQなどの呼び方もあります。

近年では，こうした言葉を通じて性の多様性に対する認識は広まりつつありますが，まだ依然として性的マイノリティに対する偏見や差別，配慮に欠けた対応はあり，いじめ被害などを受けやすいのが現状です。2017（平成29）年には，いじめ防止対策推進法に基づく「いじめの防止等のための基本的な方針」が改定され，「性同一性障害*や性的指向・性自認について、教職員への正しい理解の促進や、学校として必要な対応について周知する」ことが追記されました。生徒指導提要では，学校における具体的な対応として，①いじめや差別を許さない適切な生徒指導・人権教育の推進，②児童生徒が相談しやすい環境の整備，③学校内外の連携に基づく支援チームでの対応をあげ，学校生活の各場面における支援の一例を示しています

表 3-5　性同一性障害に係る児童生徒に対する学校における支援の事例（生徒指導提要改訂版より）

項目	学校における支援の事例
服装	自認する性別の服装・衣服や，体操着の着用を認める。
髪型	標準より長い髪型を一定の範囲で認める（戸籍上男性）。
更衣室	保健室・多目的トイレ等の利用を認める。
トイレ	職員トイレ・多目的トイレの利用を認める。
呼称の工夫	校内文書（通知表を含む）を児童生徒が希望する呼称で記す。 自認する性別として名簿上扱う。
授業	体育または保健体育において別メニューを設定する。
水泳	上半身が隠れる水着の着用を認める（戸籍上男性）。 補習として別日に実施，又はレポート提出で代替する。
運動部の活動	自認する性別に係る活動への参加を認める。
就学旅行等	1 人部屋の使用を認める。入浴時間をずらす。

（表3-5）。こうした対応は，児童生徒みずからがお互いの個性や多様性を認めあいながら安心して学校生活を送れる風土を作り上げていく，生徒指導の実践上の視点「安全・安心な風土の醸成」にもつながると考えられます。

＊ WHO は2022 年から性同一性障害を「性別不合」へと変更し，精神障害の分類から除外しています。

演 習 問 題

あなたの仲の良い友だちを 2, 3人ほど思い浮かべてください。その友だちに共通する特徴（外見的特徴ではなく，性格的・内面的特徴）をいくつか書き出してみましょう（たとえば「やさしい」，「明るい」など）。そしてどのような特徴をもった人を好むのか，なぜそうした特徴をもつ人を好むのかについて考えてみてください。

【引 用 文 献】

文部省（1990）. 生徒指導資料第 21 集　生徒指導研究資料第 15 集　学校における教育相談の考え方・進め方——中学校・高等学校編　大蔵省印刷局

文部科学省（2017a）. 小学校学習指導要領（平成 29 年告示）

文部科学省（2017b）. 中学校学習指導要領（平成 29 年告示）

文部科学省（2022）. 生徒指導提要

下山晃司（2014）. 第 7 章心理教育的アセスメント——子どもを理解する 3 つの方法——　黒田祐二編著　実践につながる教育相談　（pp.96-107）北樹出版

児童生徒全体への指導１

学校全体で進める生徒指導

学校とは，生徒・地域などの実態を把握し，計画をたて，生徒・地域などに即した教育を組織的に行う場です。生徒指導を効果的に展開するために，児童生徒の発達段階を考慮して，学校の教育活動全体を通じて計画的に生徒指導を展開することが不可欠です。しかしながら，生徒指導は，何か問題が発生したときに行われるものとしてのイメージが先行している実態があります。この状況を改善するために，チーム学校としての**生徒指導体制**を整え，カリキュラムマネジメントの充実を図ることが重要です。

第１節　学校の指導方針・年間指導計画にもとづいた生徒指導

1．生徒指導の前提：学習指導要領

生徒指導は，学校の教育活動全体を通じて組織的・計画的に展開することが不可欠です。その前提となるのが**学習指導要領**です。学習指導要領は、学校教育法および同施行規則に根拠を有し、単なる指導助言文書ではなく法的基準性のあるものです（昭和 51.5.21 最高裁判決）。各学校は教育課程の編成および実施を行うにあたっては，これに従う必要があります。

2017（平成 29）年３月に小・中学校の学習指導要領が，2017（平成 29）年４月に特別支援学校学習指導要領が，翌 2018（平成 30）年３月に高等学校学習指導要領が告示されました。これらの学習指導要領では，「第１章　総則」において「児童（生徒）が，自己の存在感を実感しながら，よりよい人間関係を形成し，有意義で充実した学校生活を送る中で，現在及び将来における自己実現を図っていくことができるよう，児童（生徒）理解を深め，学習指導と関連付けながら，生徒指導の充実を図ること」（文部科学省，2017，2018）と示され，学習指導と関連づけながら，生徒指導の充実を図ることの重要性を指摘しています。

2. 生徒指導のリアクティブな側面とプロアクティブな側面

生徒指導について，栢野ら（2011）は何も問題が起きない時には意識されない傾向が強く，現場でも意識のないままに生徒指導が行われていると指摘しており，その結果として学生の意識のなかにも，生徒指導とは服装チェックや遅刻・欠席の指導をしたという印象しか残っていないと述べています。このように生徒指導のイメージは，**リアクティブ**な生徒指導（第2章参照）のイメージが先行していると考えられます。たとえば，児童生徒がいじめ，万引き，暴力，器物破損，喫煙，飲酒，薬物乱用，深夜徘徊，不健全性的行為等の問題行動を行った場合や不登校などに対する指導は，事後対応型の即応的・継続的（リアクティブ）生徒指導です。この内，問題行動が深刻な段階の場合は，**困難課題対応的生徒指導**，問題行動が予兆的段階や初期状態であった場合は，**課題予防的生徒指導**のなかの**課題早期発見対応**に分類されます。

これからの生徒指導は，治療的なはたらきかけを中心とするリアクティブな生徒指導とともに，基礎的な生活習慣の確立や規範意識の醸成など，育成的なはたらきかけを中心とする**プロアクティブ**な生徒指導（第2章参照）がきわめて重要となることはいうまでもありません。たとえば，児童生徒が，問題行動や不登校を起こす前に実施する基礎的な生活習慣の確立や規範意識の醸成等の指導は，積極的な先手型の常態的・先行的（プロアクティブ）生徒指導に分類されます。この内，問題行動や不登校のハザード（問題行動や不登校が発生しやすい要因や環境）段階で対応する場合は，課題予防的生徒指導のなかの組織的・計画的な**課題未然防止教育**に分類されます。そして，社会的正義の醸成など，児童生徒の健全な育成を図る指導は，**発達支持的生徒指導**に分類されます。

また，生徒指導提要（2022年版）では「いじめや暴力行為などの生徒指導上の課題への対応においては，児童生徒の反省だけでは再発防止力は弱く，自他の人生への影響を考えること，自己の生き方を見つめること，自己の内面の変化を振り返ること及び将来の夢や進路目標を明確にすることが重要です。したがって，生徒指導と**キャリア教育**は深い関係にあると言えます。」と記され，キャリア教育と連携した発達支持的生徒指導の重要性を指摘しています。

3. 生徒指導マネジメントサイクルの確立と年間指導計画

(1) 生徒指導のマネジメントサイクルの確立

学校における生徒指導は，基本的な生活習慣に関わる指導から不登校や中途退学，いじめや暴力行為などの問題行動の指導まで多岐にわたります。とくに近年は，急激な社会変化のなか，従前の生徒指導では対応できなくなっている状況も生起しており，日々の変化に柔軟に対応ができることが求められています。また，学校教育は，毎年新しい生徒が入学し，あらたな生徒指導が途切れることなく進められます。生徒指導を切れ目なく，効果的に実践するためには，学校評価を含む生徒指導マネジメントサイクルの確立が重要です（文部科学省，2022）。

生徒指導マネジメントサイクルでは，はじめに，学校の環境，児童生徒の状況，保護者や地域の人々の願いなどについて，調査や聴取などで把握します。また，各種審議会答申や世論の動向などから「どのような児童生徒を育てたいのか」「どのような態度や能力を身につけさせたいのか」「何を生徒指導の重点とするか」などの生徒指導の目標を立て，これをもとに，生徒指導計画（P：Plan）を策定し，実施（D：Do），点検・評価（C：Check）を行い，次年度の改善（A：Action）へとつなげていきます。このような4つのステップから成る継続的な改善サイクルのことをPDCAサイクルと呼びます。

学校は，校長のリーダーシップのもと，組織的・計画的に，家庭や地域との連携・協働を図りながら生徒指導を行う必要があります。そのためには，生徒指導マネジメントサイクルを確立させ，日々の変化に柔軟に対応し，つねに工夫と改善を図ることが重要なのです。

(2) 生徒指導の年間指導計画

生徒指導は，全校体制で意図的，計画的，体系的に行うものです。とくに課題予防的生徒指導の課題未然防止教育，発達支持的生徒指導を全校で意図的，計画的，体系的に進めるためには，年間指導計画の整備と改善が不可欠です。

年間指導計画の整備と改善を図る視点として，生徒指導提要（2022年度版）では3つの視点をあげています。

①学校の生徒指導の目標や基本方針などを，年間指導計画のなかに明確に位

置づけます。

②児童生徒に自己実現を果たす資質・態度や**自己指導能力**が身につくよう生徒指導の目的をふまえて，年間指導計画を作成します。

③計画が実効的な機能を果たすためには，児童生徒を支え，指導・援助する「時期」と「内容」を明確に記す必要があります。また，生徒指導と教育課程とのかかわりを明らかにしていくことが大切です。たとえば，年間指導計画のなかに，生徒指導に関する教員研修の機会を組み入れ，組織的に取り組む生徒指導を教員に意識させることも重要です。

ところで，生徒指導は学校の教育活動全体で行われるものであることから，年間指導計画の作成にあたっては，いくつかの考慮すべき事項があります。図4-1は生徒指導をはじめとする各領域と授業の関係を示したものです。縦軸で示された各領域は，取り組むべき教育課題を意味します。一方，横軸で示された「各教科」「特別の教科 道徳」「総合的な学習（探究）の時間」「特別活動（学級活動）」は，授業であり時間的な保障があるものです。このことから考えると，課題予防的生徒指導の課題未然防止教育，発達支持的生徒指導の実現を図る生徒指導は，「各教科」「特別の教科 道徳」「総合的な学習（探究）の時間」「特別活動」「放課後」などの時間を活用して行われるものであり，年間指導計画にはこれらの時間が保障された授業等が網羅されている必要があります。図

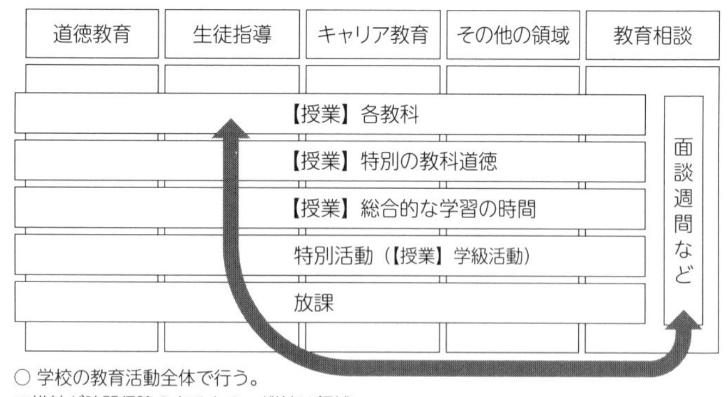

図 4-1　生徒指導をはじめとする各領域と授業の関係

4-2 は,「特別活動」「特別の教科 道徳」「総合的な学習の時間」「教科」等が示されたある中学校の生徒指導年間指導計画（例）です。生徒指導年間指導計画はこのように，さまざまな授業等の関連を考慮し，意図的，計画的，体系的に生徒指導に取り組むことができるようにする必要があります。

生徒指導年間指導計画（例）をみると中学校生活をスタートさせた1年生にとって大切な自他の尊重に関わる事項を柱に，4月の学級活動では「中学生に

生徒指導指導計画（例）　　　（*** 中学校：第１学年）

学期	月	生徒への活動							保護者・地域への活動
		年間予定	特別活動			特別の教科 道徳	総合的な学習の時間	各教科	情報提供
			学級活動	生徒会活動	学校行事				
1	4	始業式 入学式 身体計測 保護者会	□中学生になって（人権課題1）	■各委員会活動 ■生徒会朝礼	始業式 入学式	【あいさつを交わして】B（7）礼儀 【義務について考えよう】C（10）遵法精神，公徳心 【自分との付き合い方を考えよう】A（3）向上心，個性の伸長		【国語】人の呼び方を考える 【社会：地理】 ・世界中の人々が集まる国を調べよう。（アメリカ合衆国の人々）（人権課題7） ・世界の民族 【英語】 ・補助犬を通して体の不自由な方や社会のあり方を考える	学校だより 進路通信の発行 学年通信の発行
	5	生徒総会 中間テスト（2日） 校内研修（生徒指導情報交換会含）	□男女の理解と協力（人権課題2）	■各委員会活動 ■生徒会朝礼	生徒総会	【いじめのない世界へ】B(9) 相互理解，寛容 【いじめのない世界へ】A（1）自主，自律，自由と責任 【いじめのない世界へ】※複数内容項			学校だより 進路通信の発行 学年通信の発行
	6	体育大会 期末テスト（3日） セーフティー教室		■各委員会活動 ■生徒会朝礼	体育大会 セーフティー教室	【安全な生活のために 1・2】A（2）節度，節制 【友達とともに】B（8）友情，信頼 【働くってどんなこと?】C（13）勤労	○異文化理解「国際理解講座」調査学習（人権課題7）		学校だより 進路通信の発行 学年通信の発行
	7	終業式 保護者会 道徳地区公開講座 国際理解講座		■各委員会活動 ■生徒会朝礼	終業式 道徳授業地区公開講座 国際理解講座	【ボランティア活動に参加して】C（12）社会参画，公共の精神 【ふるさとのために】C（16）郷土の伝統と文化の尊重，郷土を愛する態度	○異文化理解「留学生の話を聞く会」調査学習 【体験学習】「留学生の話を聞く会」（人権課題7）		学校だより 進路通信の発行 学年通信の発行
	8	夏期休業校内研修（リスクマネジメント）							

図 4-2　生徒指導年間指導計画（例）

なって（人権課題1）」，特別の教科道徳では「【あいさつを交わして】B (7) 礼儀」「【義務について考えよう】C (10) 遵法精神，公徳心」「【自分との付き合い方を考えよう】A (3) 向上心，個性の伸長」，各教科においては「【国語】人の呼び方を考える」といった内容で，課題予防的生徒指導と深く関連していることが読み取れます。

そして，5月の学級活動では「男女の理解と協力（人権課題2）」，特別の教科道徳では「【いじめのない世界へ】B (9) 相互理解，寛容」「【いじめのない世界へ】A (1) 自主，自律，自由と責任」，6・7月の総合的な学習の時間では「異文化理解　「国際理解講座」調査学習（人権課題7）」「異文化理解『留学生の話を聞く会』調査学習」「【体験学習】『留学生の話を聞く会』（人権課題7）」，教科では「【社会：地理】世界中の人々が集まる国を調べよう。（アメリカ合衆国の人々）（人権課題7）」「世界の民族」と課題予防的生徒指導が広がりをもった学びとなるように計画されています。

第2節　生徒指導に関わる組織的な取組の重要性

1．チームとしての学校による生徒指導体制

中央教育審議会（2015）により「チームとしての学校の在り方と今後の改善方策について（答申）」が示されました。チームとしての学校とは，「専門性に基づくチーム体制の構築」「学校のマネジメント機能の強化」「教職員一人一人が力を発揮できる環境の整備」といった3つの視点で，チームによる指導体制を整え，学校のマネジメントモデルを構築しようとするものです。

生徒指導の諸課題を解決するためには，学級・ホームルーム担任等が1人で問題を抱え込まずに，生徒指導主事をはじめとするほかの教職員と協力して，機動的連携型支援チームを組織し対応することが重要です。また，必要に応じて，教育相談コーディネーター，学年主任，養護教諭，スクールカウンセラー，スクールソーシャルワーカー 等の校内の教職員による校内連携型支援チームを組織したり，校外の関係機関等の地域の社会資源を活用したネットワーク型支援チームを組織したりすることが必要となります（第2章も参照）。

このように学校全体で組織的に取り組む体制を整備することは，多様で深刻化する生徒指導に対応するためには必要不可欠なことです。

2. 生徒指導と校務分掌

学校の教育活動全体を通じて生徒指導を行うためには，教職員の共通理解と協力体制が必要であり，その実現のためには**校務分掌組織体制**を確立させることが不可欠です。図 4-3 に示された中学校の校務分掌組織図（例）をみると生徒指導部の職務は，生徒指導（生活指導，教育相談，安全指導，庶務，渉外・補導）のほか，人権教育，生徒会（生徒会・各種委員会活動）といった係が配置されています。また，生徒指導部は，主幹・主任・主事の横のつながりを通して，ほかの分掌や特別委員会との密接な連携・協力のもとに多角的に生徒指導を展開することができるようになっています。このような校務分掌組織のもと教職員が専門性を活かし，組織的に生徒指導を展開していくことが重要です。

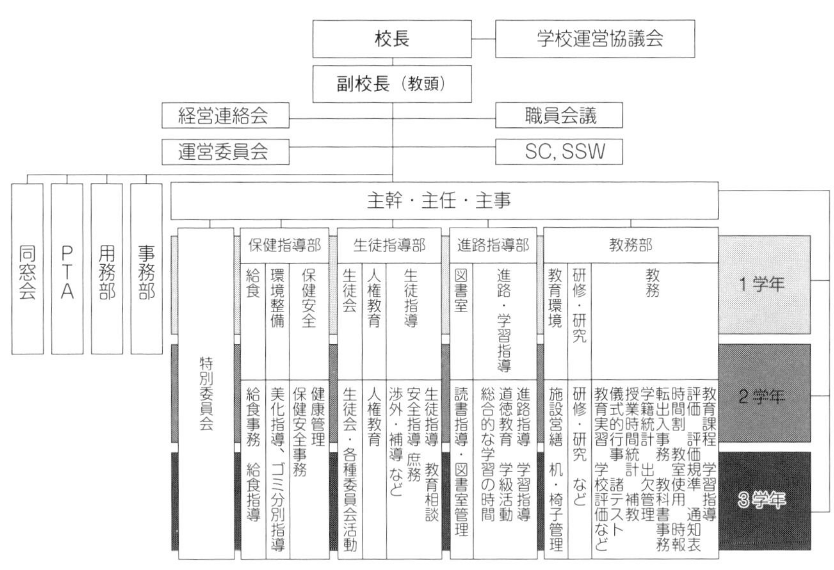

図 4-3　校務分掌組織図（例）

3. 生徒指導体制と教育相談体制の連携とチーム支援

生徒指導は、学校に関わるすべての教職員が担うものであり、学校全体で取り組むことが必要です。したがって，生徒指導部のみの活動に目を向けるのではなく、各学年やほかの分掌、各種委員会と連携し，組織として機能する**生徒指導体制**をつくることが重要です。生徒指導提要（2022年版）では，生徒指導体制に大切な以下の３つの基本的な考え方をあげています。

①生徒指導の方針・基準の明確化・具体化

②すべての教職員による共通理解・共通実践

③ PDCA サイクルに基づく運営

これらをふまえた体制のもと，児童生徒が自己の存在感を実感しながら，よりよい人間関係を形成し，有意義で充実した学校生活を送り，現在および将来において自己実現を図れるよう生徒指導を行うことが大切です。他方，個々の児童生徒の考えや発達に即して，将来において社会的な自己実現ができるような資質・能力・態度を形成するようにするはたらきかけとして教育相談があります。生徒指導と教育相談は，社会的な自己実現という点において共通しています。しかし，生徒指導が集団や社会の一員として求められる資質や能力を身につける働きかけであるのに対して，教育相談は個人の資質や能力の伸長への援助であることから，アプローチの仕方が集団か個人かという点において相違が認められます。生徒指導提要（2022年版）では，生徒指導と教育相談を一体化させて、全教職員が一致して取組を進めることが必要であると述べ，そのために必要な教職員の姿勢として，以下の３点をあげています。

①指導や援助のあり方を教職員の価値観や信念から考えるのではなく，児童生徒理解（アセスメント）に基づいて考えること。

②児童生徒の状態が変われば指導・援助方法も変わることから，あらゆる場面に通用する指導や援助の方法は存在しないことを理解し，柔軟な働きかけを目指すこと。

③どの段階でどのような指導・援助が必要かという時間的視点をもつこと。

このような姿勢のもと，学校では**教育相談体制**を確立し，組織として活動できるようにすることが大切です。その要となるのが教育相談コーディネーターです。教育相談コーディネーターは，学校内だけでなく，学校外の専門機関などとも連絡・調整を図り，チーム学校として生徒指導体制や教育相談体制を機能させていくことが求められます。

第3節 生徒指導と危機管理

1．学校における危機管理とは

学校における**危機管理**とは，文部科学省（2006）が示した定義によれば，子どもたちや教職員等の生命や心身等に危害をもたらすさまざまな危機を未然に防止するとともに，万一，事件・事故災害が発生した場合に，被害を最小限にするために，適切かつ迅速に対処することを意味しています。学校における危機管理は多岐にわたり，学習活動等（学習活動，特別活動，部活動，その他の活動）における事故，登下校中の事故や犯罪被害（交通事故，不審者など），健康（感染症，アレルギー，食中毒など）の維持と管理，問題行動（非行，いじめ，自殺など）への対応，災害（火災，自然災害など）への対応など児童生徒に直接関わるものがあります。また，施設設備の管理，教職員（不祥事，健康管理，事故など）の管理と対応，教育課程の管理，財務（資金管理，会計処理など）の管理，情報（個人情報，情報システムなど）の管理，業務執行（保護者，業務威力妨害，広報・報道など）の管理と対応も間接的に児童生徒と関わるものであり，いずれの危機管理も生徒指導と密接に関連しています。

2．リスクマネジメントとクライシスマネジメント

学校における危機管理は，**リスクマネジメント**と**クライシスマネジメント**に大きく分けることができます。リスクマネジメントとは，危機が発生する前に，それを回避するあるいは被害を最小限に抑えるためにさまざまな対策を講じる予防・開発的なはたらきかけのことです。クライシスマネジメントとは，危機発生後の初期対応や二次被害の回避を行う危機対応的なはたらきかけのことであり，その目的は，被害を最小化し，早期回復を目指すことにあります。クライシスマネジメントのなかでもっとも重要なのが**初期対応**です。早い段階

で適切な対応をすることにより，生徒や保護者，地域の疑問が払拭され，最小限の被害で早期回復につなげることができます。一方，不適切な対応は，生徒や保護者，地域の疑問が不信感へと拡大し，マスコミへの告発や告訴へとつながり，学校が混乱し，通常通りの学校経営や日常業務を進めることができなくなり，悪循環から抜け出せなくなります。

このクライシスマネジメントは，実際に危機が発生した時は，すぐに必要になるものであることから，校内研修等で日頃から共通理解を図っておくことが，きわめて重要です。

第4節　実践に向かって——児童生徒の自殺への対応

学校における危機管理のなかの1つに問題行動への対応があり，そのなかでも十分に留意するべきものとして児童生徒の自殺の問題があげられます。近年，児童生徒の自殺者数は増加傾向にあり，文部科学省（2022）によれば，2020（令和2）年度の児童生徒の自殺者数は415人で過去最高となっています。自殺の原因は，発達段階によって異なり，個人要因，家庭要因，学校要因，社会的要因などが複合的に絡みあっています。

文部科学省（2009）は学校における自殺予防の3段階を示しています。これを参考にリスクマネジメント段階とクライシスマネジメント段階に分けて考えると，「未来を生きぬく力」を育む自殺予防教育や日常の教育相談活動などの「未然防止」段階（第1段階），自殺の危険にいち早く気づき迅速かつ適切に対処する「危機介入」段階（第2段階）といったリスクマネジメント段階と，児童生徒の自殺が起こった場合の「緊急事態発生時の対応」段階（第3段階）と「事後の危機管理」段階（第4段階）といったクライシスマネジメント段階から構成されると考えることができます。

「未然防止」段階（第1段階）の自殺予防教育の構造について，新井（2021）は，「核となる授業」「下地づくりの授業」「安心安全な学校環境」の3層に分類し，未来を生きぬく教育として展開することの重要性を示しています（図4-4）。学校はこの構造のもと，教職員が一体となり組織的に自殺予防教育に取り組む必要があります。次に「危機介入」段階（第２段階）に移行した生徒に対しては，安全の確保を最優先に置き，管理職を中心に全教職員で組織的に対応し，情報の共有を図ることが重要です。他方，チーム学校として教育委員会をはじめ，児童相談所や医療機関等の関係機関とも連携しながら対応していくことが重要です。児童生徒の自殺が起こった場合の「緊急事態発生時の対応」段階（第３段階）については，学校だけでは限界があるため，教育委員会の職員の派遣やスクールカウンセラーなどのサポートを得ながら，外部の専門家と連携し，チーム学校として組織的な対応をする必要があります。緊急事態発生時は，周囲に及ぼす心理的影響を可能な限り少なくすることを念頭に置き，情報の収集・整理・共有を速やかに行い，ご遺族への丁寧なかかわりとともに，保護者への対応，マスコミへの情報発信などを迅速に行う必要があります。また，生徒の心のケアも並行して行う必要があります。「事後の危機管理」段階（第４段階）については，再発防止を念頭に置き生徒や保護者の心のケアに努めながら，日常の学校生活の再開へとつなげていくことが大切です。

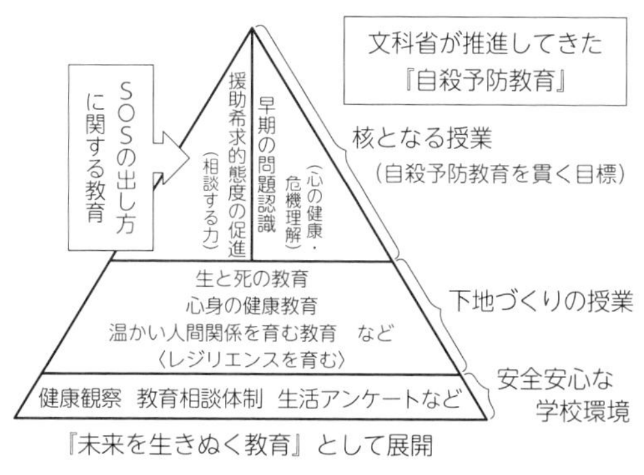

図 4-4　未来を生きぬく教育（新井，2021）

（山田　智之）

演 習 問 題

学校で展開される生徒指導を想定し，具体的なテーマを１つあげ，図 4-2 生徒指導年間指導計画（例）を参考に，小・中学校段階のなかから１つの学年を選び年間指導計画を作成しなさい。

具体的テーマについては,「基礎的な生活習慣の確立や規範意識の醸成」か「自己の存在感が育まれるような場や機会の設定」に関するテーマを設定すること。また，題材関連図の作成にあたっては，「年間予定」「特別活動（学級活動・生徒会活動・学校行事)」「特別の教科 道徳」「総合的な学習の時間」「教科」等の取り組みの関連性を意識して作成すること。

【引 用 文 献】

新井 肇 (2021). 学校における自殺予防の現状と課題　第５回自殺総合対策の推進に関する有識者会議（ヒアリング資料）

中央教育審議会 (2015). チームとしての学校の在り方と今後の改善方策について（答申）（中教審第 185 号） https://www.mext.go.jp/b_menu/shingi/chukyo/chukyo0/toushin/__icsFiles/afieldfile/2016/02/05/1365657_00.pdf

栢野彰秀編他 (2011). 学生の生徒指導認識の拡大と生徒指導力の向上――直接指導から日常的な接触活動への概念の拡大に関する質的・量的併合分析　北海道教育大学紀要（教育科学編), **62** (1), 23-38

文部科学省 (2006). 学校における防犯教室等実践事例集（平成 18 年 3 月文部科学省） https://www.mext.go.jp/a_menu/kenko/anzen/1298807.htm

文部科学省 (2022). 令和 3 年度 児童生徒の問題行動・不登校等生徒指導上の諸課題に関する調査結果について　https://www.mext.go.jp/a_menu/shotou/seitoshidou/1422178_00003.htm

文部科学省 (2009). 教師が知っておきたい子どもの自殺予防　https://www.mext.go.jp/component/b_menu/shingi/tonshin/__icsFiles/afieldfile/2009/04/13/1259190_12.pdf

児童生徒全体への指導2

学級単位で進める生徒指導

学級・ホームルーム（以下HR）は，児童生徒がもっとも多くの時間を過ごす空間であり，集団であり，社会です。そのため学級・HRは生徒指導と密接な関連をもつ生徒指導における中核的な指導の場です。実際の指導では児童生徒の発達段階や，地域や学校，児童生徒の実態に応じて，「指導内容が系統的になるように年間指導計画を適切に設定し，学級・HR活動の時間に意図的・計画的に指導することが求められます」。また，学級・HR担任が一人ひとりの課題や個性に応じた個別指導を行う機会が多いことから，集団指導と個別指導の両面を適切に活用しながら指導を進めていく必要があります。本章ではこのような学級・HR活動における生徒指導の実際について紹介していきます。

学級・HR活動における生徒指導とキャリア教育を意識した取組

改訂版生徒指導提要では，学級・HR活動の内容を以下の3点に集約しています。

①学級・HRや学校における生活作りへの参画

②日常の生活や学習への適応と自己の成長および健康安全

③一人ひとりのキャリア形成と自己実現

ここからも序章で示したように，生徒指導は児童生徒の**個性化**（individualization）と**社会化**（socialization）を目指していることが読み解けます。①は児童生徒が所属する学級・HRや学校が社会の一部であり，一般社会のミニチュア，つまり小さな構成単位であることを前提として設定されています。それらに参画することは，そのなかで生活するためにさまざまな役割を分担することを意味します。そうした生活に適応することや，仲間集団との協調性を育むことは社会化のプロセスそのものです。また，仲間との相互作用のなかで自分の個性や特徴に気づくこともあるでしょう。これは個性化のプロセスです。②では学級・HR が学習や生活への適応を通じて一人ひとりの成長を支え，促す場であることが示されています。また健康で安全な生活を送れるようになることは，社会への適応にとっても，個人としての幸せな生活にとっても欠かせない要素です。③は学級・HR がキャリア教育の要であることを示しています。この点については 11 章から 13 章で詳しく紹介されていますが，すべての教科と特別活動などを含めた教育活動から子どもたちが得た気づきや成長の過程を記録する教材として**キャリア・パスポート**があります。そして，キャリア・パスポートに一人ひとりがキャリア形成，キャリア発達の歩みを記していく活動を学級・HR で行います。また，担任が一人ひとりの児童生徒理解に基づいてキャリア・カウンセリングを行うことも求められます。

①～③は独立した活動ではなく，一連のプロセスとして児童生徒の発達を支えています。図 5-1 に示したのは，児童生徒の発達プロセスです。右上に伸びる矢印は時間軸と個人の発達過程を示しています。社会の最小単位は家族社会です。そこには，食べ終わった食器を流しに片づける，家事を手伝う，登校前

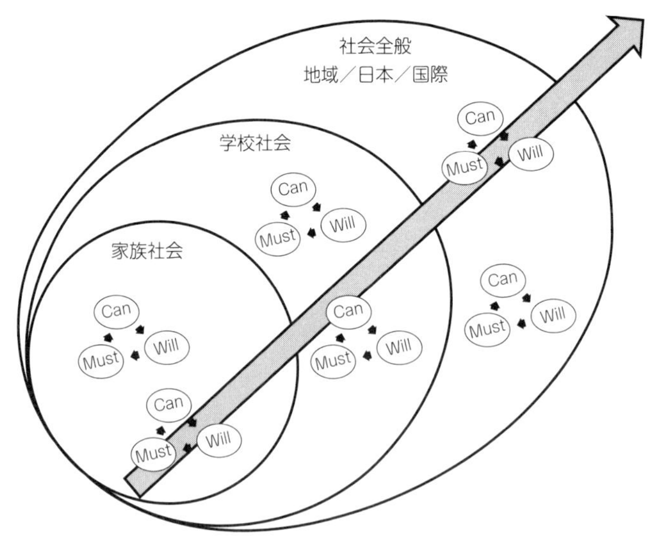

図 5-1　Must, Can, Will の循環で表す個性化と社会化のキャリア発達プロセス

に身支度をするなどの「**するべきこと**（Must）」があります。それらをこなしていくことで，しだいに「**できること**（Can）」が増えていきます。できることが増えれば自信や自尊心が育ちます。トイレットトレーニングを経て，自分で用を足せるようになった幼児が見せる笑顔をイメージするとわかりやすいと思います。さらに，できることが増えると，そのなかから好んで取り組む活動を見つけていきます。これが「**やりたいこと**（Will）」です。

学校も小さな社会です。学級・HRでは当番活動を通じて，号令をかけたり，清掃をしたりして「すべきこと（Must）」に取り組みます。また，教科学習もまずは「すべきこと」から始まります。そうして子どもたちは「できること（Can）」を増やしていきます。また，そのなかで「できないこと，苦手なこと」にも出会います。しかし，それも大切な教育の機会です。とくに義務教育段階では，このような「苦手なこと」に対して教師がサポートしながら粘り強く取り組むことによって，「がんばることで乗り越えることができた」体験をして**自己有用感**や**自己肯定感**を育みます。教師は学級・HRで，こうした児童生徒の発達を支えていく中心的な役割を担います。高等学校段階でもこうした取り組みは重要ですが，一方で苦手なものは苦手と割り切って，その次の社会への移行段階に向けて自分の個性や特質を活かした方向性を見出すことも重要になります。これも個性化のプロセスです。

次に学級・HR活動における係活動や児童会・生徒会における委員会活動について考えてみましょう。これらは教科指導とは異なる側面をもっています。なぜならば，すべての児童生徒が同じ教育活動に取り組むわけではないからです。したがって，これらは「やりたいこと（Will）」に相当する体験活動と考えることができます。好きな先生が担当する教科の係をして教師のサポートをする係，みんなを楽しませるレクリエーションを企画したり，実行したりする係など，子どもたちは自分の興味関心に沿った係活動を選んで取り組むことができます。そうした体験を，「好きな先生とたくさん話せてよかった」「おもしろかった」という感想だけで終わらせるのはもったいないでしょう。それらは学級・HRという社会で必要とされる役割を分担しているわけですから，社会を支える役割をしていることになります。児童生徒がそうした気づきを得られるように言葉で促し，子どもたちがそれらを小さな職業体験であることを自覚できるようにしていくことが重要です。つまり，このような教育実践が上記①②③に資するのであり，これらは独立した活動ではなく，一連のプロセスとして児童生徒の発達を支えるという大切な役割を担っているのです。

そして，卒業後の社会では多くの役割をさまざまな職業が分掌しています。学級の配布物を配る係のように，物を配ったり運んだりする役割は運輸，倉庫などのロジスティクス関連の職業が担っています。保健係のように人をケアする役割は医療関係の職業が担っています。レクリエーション係が担った役割は，さまざまなエンターテインメント産業の職業人たちが担っています。つまり，学級・HR 活動には社会参画を体験するという重要な教育的意義があり，それらの延長線上に児童生徒の将来の姿があります。児童生徒がまずはさまざまな活動に興味をもてるように環境を整備し，それらに従事してみることで得意や不得意に気づき，適切に自己有用感を育むことができれば，学校から社会への移行が円滑になっていくことでしょう。つまり，「やりたいことが見つからない」と悩む若者たちの問題は少なくなっていくはずなのです。重要なことは教師一人ひとりがそうした活動の教育的価値を意識して，児童生徒に伝えることではないでしょうか。また，そうして児童生徒が得た気づきをキャリア・パスポートに記していくことだと考えられます。

第2節　発達を支える学級経営と9つの視点を基盤とした集団指導

2017（平成 29）年公示の学習指導要領総則では，第 4　児童（生徒）の発達の支援で「学習や生活の基盤として，教師と児童（生徒）との信頼関係及び児童（生徒）相互のよりよい人間関係を育てるため，日頃から学級経営の充実を図ること。また，主に集団の場面で必要な指導や援助を行うガイダンスと，個々の児童（生徒）の多様な実態を踏まえ，一人一人が抱える課題に個別に対応した指導を行うカウンセリングの双方により，児童（生徒）の発達を支援すること」としています。ここから，学級・HR 活動においては学級経営の観点か

ら，教師と児童生徒および児童生徒相互のより良い人間関係を育てることを通じて子どもたちの発達を支えることが重要であることがわかります。また，そのために集団指導と個別指導を相補的に使い分けながら適切に学級・HR 活動を進める必要があることが読み取れます。

1．児童生徒の発達を支える学級・HR 経営

学級・HR 経営については，改訂版生徒指導提要（p.42-43）に次のように説明されています。

> 学級・ホームルーム経営は，年度当初の出会いから始まる生活作りを通して，学級・ホームルーム集団を，共に認め・励まし合い・支え合う集団にしていくことを目指します。これは，児童生徒の居場所をつくり，失敗や間違いを通して皆で考え，支え合い，創造する集団，つまり，生徒指導の実践集団を育てることでもあります。その際に，児童生徒の発達を支えるという視点が重要になります。なぜなら，児童生徒は，それぞれが直面する課題を解決することによって自己実現し，自己指導能力を育んでいくからです。学級・ホームルーム経営で行う生徒指導は，発達支持的生徒指導と課題未然防止教育を実践することに他なりません。
>
> 学級・ホームルーム経営では，児童生徒自身が学級や学校生活，人間関係をよりよいものにするために，皆で話し合い，皆で決めて，皆で協力して実践することを通じて，学級・ホームルームの友達の良いところに気付いたり，良好な人間関係を築いたり，学級・ホームルームの雰囲気がよくなったりすることを実感することが大切です。このように学級・ホームルーム活動における自発的・自治的な活動を通して，学級・ホームルーム経営の充実を図ることで，学級・ホームルームにおいて，お互いを尊重し合う温かい風土が醸成されます。こうした主体的な活動を通して，お互いを尊重し合い，よさや可能性を発揮し合えるような学級・ホームルーム集団となることが，個々の児童生徒が自己有用感や自己肯定感などを獲得することにつながります。
>
> これらの実践は，学校・学年及び学級やホームルームの特性を踏まえた年間指導計画に基づいて取り組まれます。年間指導計画の中でも，特に４月の出会いの時期は大切です，この時期の体験が年間を通した生活集団・学習集団・生徒指導の実践集団の基盤となるからです。

さらに，学級経営には規範意識の醸成を通じて，学級が安全・安心な居場所となるように配慮するという観点も重要となります。これは生徒指導の実践上の視点（4）安全・安心な風土の醸成（第１章参照）と通じるところです。改訂版生徒指導提要には次のようにあります。

また，一人一人の児童生徒が発達課題を通して自己実現するためには，児童生徒自身による規範意識を醸成することも大切です。児童生徒が規範意識を身に付けることが，児童生徒にとって安全・安心な居場所づくりへとつながるからです。このような学級・ホームルームにおいてこそ，安心して自らの意見を述べたり，自己の仮説を発表したり，他者の意見や考えを共感的に受け止めたりすることが可能になります。自ら考え，選択し，決定し，発表し，実践する体験としての学びの循環を通じて，児童生徒が主体的・自律的な選択・決定をしていく基盤となる自己指導能力を身に付けていくことになります。

これらの記述からわかるように，学級・HR 経営は生徒指導実践の中核としてお互いが支えあい，成長発達していく集団を形成していくという重要な活動です。そして，教師と児童生徒，また児童生徒相互の安全・安心な人間関係を基盤として児童生徒の発達を支えることで，子どもたちが自己指導能力を伸ばしていくことができます。

2．9つの視点を基盤とした集団指導

学級・HR 活動は，学校で一人ひとりの児童生徒ともっとも身近に接する存在である学級・HR 担任が担当します。したがって，学級・HR は，集団の特性に応じた**集団指導**を行い，さらに個に応じた**個別指導**を行う教育活動の場面であるといえます。本章では，児童生徒全体への指導に注目し，主に集団指導場面について解説していきます。

改訂版生徒指導提要では，集団指導について「集団指導では，社会の一員としての自覚と責任，他者との協調性，集団の目標達成に貢献する態度の育成を図ります」と説明しています。そのために必要な集団作りの基盤として，次の9点をあげています。

①安心して生活できる　②個性を発揮できる　③自己決定の機会をもてる

④ 集団に貢献できる役割をもてる　⑤ 達成感・成就感をもつことができる　⑥ 集団での存在感を実感できる　⑦ 他の児童生徒と好ましい人間関係を築ける　⑧ 自己肯定感・自己有用感を培うことができる　⑨ 自己実現の喜びを味わうことができる

これらは担任として学級・HR経営の評価を行う時や，年度が始まる時の学級経営目標を定める時などに活用することが期待されます。また，児童生徒が一生懸命に取り組んだ活動について教師がコメントやフィードバックをする場面や個別面談の場面で，これらに言及しながら「〇〇さんは，こうしたところでクラスに貢献してくれましたね」とか，「こうした点で上手に〇〇できましたね」などと伝えることも有効でしょう。

また，集団指導と個別指導は相補的な関係にあります。生徒指導提要（2022年版）には，この点について「集団指導と個別指導は集団に支えられて個が育ち，この成長が集団を発展させるという相互作用により，児童生徒の力を最大限に伸ばし，児童生徒が社会で自立するために必要な力を身に付けることができるようにするという指導原理に基づいて行われます」と解説されています。これらの指導に通底するのが①自己存在感の感受，②共感的な人間関係の育成，③自己決定の場の育成，④安全・安心な風土の醸成という生徒指導の実践上の視点です（第1章参照）。これを図解すると図5-2のように説明することができます。

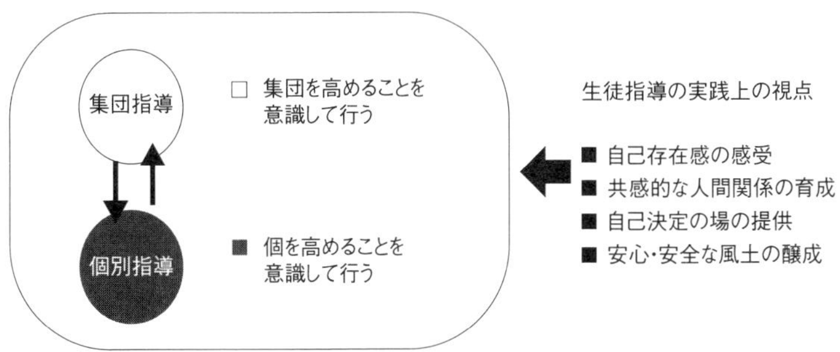

図5-2　集団指導と個別指導の相補性とそれを支える生徒指導実践上の視点

第3節 常態的・先行的（プロアクティブ）な生徒指導の実践

1. 日常のかかわりからすべての児童生徒の発達を支える

学級・HR はすべての児童生徒を対象とする**発達支持的生徒指導**や**課題予防的生徒指導**を行う中核的な場です。改訂版生徒指導提要では，これら 2 つの指導を，常に行われる，問題を未然に防ぐための予防的な指導であることから**常態的・先行的**（プロアクティブ）な**生徒指導**と呼んでいます。

これらの生徒指導の実践において重要なのは日々の児童生徒とのかかわりを通して児童生徒の発達を支えることです。朝の会，帰りの会などを除けば，学級・HR 活動は 1 年間に 35 時間程度しか行うことができません。そのため，少し様子が気になる子に「どうしたの？何かあったかな」と声をかけたり，目立たないけれども大切な役割を果たしてくれる子に「いつも助かっているよ」と声をかけたりするような，ふだんの質の高いコミュニケーションが何より大切な常態的・先行的な生徒指導と考えることができます。

菅野（2012）は，子どもたちの発達を支える心の土台を図 5-3 のように表しています。もっとも下にある心の土台は ⑴〈人間の良さ〉体験です。人に対する基本的な信頼感ともいえます。残念ながら教師の目の前にいる子どもたちのなかには，その生い立ちのなかで人が信頼に足る存在であること，人と人とのかかわりが良いものであるということを十分に体験できないまま育ってきてしまっている子がいます。そうした場合には，いくら教師が ⑵ 心のエネルギーを与えようと温かい声かけをしても，それを受け止める土台が破損しているために十分にしみこんでいかずにこぼれてしまうといった現象が起きてしまいます。もしそのような事例に出会ったら，心のエネルギーを注入するための声掛けと並行して，その子に〈人間の良さ〉を体験してもらえるように関わることが重要になります。つまり「おとなって信用してもいいんだ」と感じてもらえるようになることが重要になります。

⑵ 心のエネルギーは，「家やクラスにいると安心する」，「自分の気持ちをわかってもらえた，がんばりを認めてもらえた」，「クラスにいたり，友だちと過ごしたりすると楽しい」などの体験によって充足されます。こうした体験を十

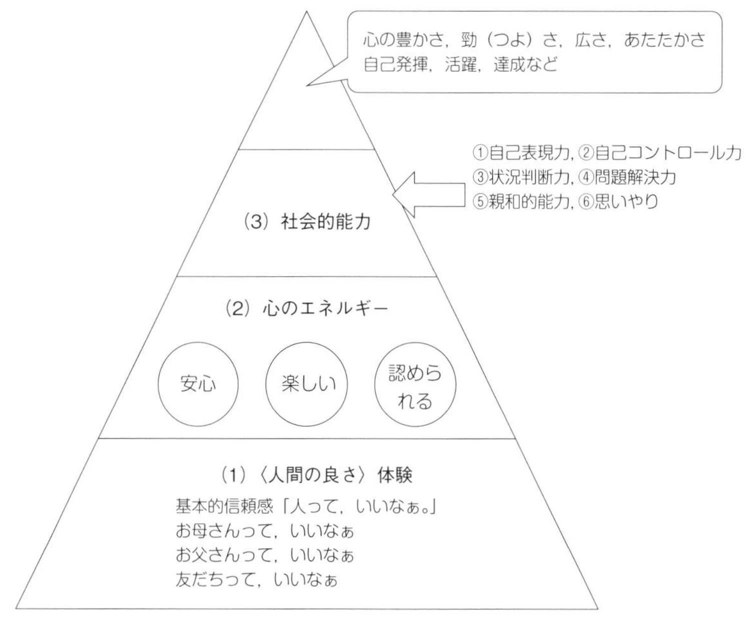

図 5-3　児童生徒の発達を支える心の土台（菅野，2012）

分に積んでいる児童生徒は，その次にある教師やおとなが身につけてほしいと期待する①自己表現力，②自己コントロール力，③状況判断力，④問題解決力，⑤親和的能力，⑥思いやりなどさまざまな (3) 社会的能力を身につける準備が整います。このような児童生徒には，生徒指導場面での教師からの声掛けがまっすぐに届くことでしょう。そうした生徒指導の積み重ねの先に，心の豊かさや勁（つよ）さなどを身につけ，自己実現と社会的自立に向かう子どもたちの姿が具体化されていくのです。なお，勁さとは踏まれてもまっすぐに伸びようとする草のつよさを意味しています。精神的回復力やストレス耐性の力と表現されることもあるレジリエンスと表現することもできます。

2. 心理教育的プログラム実践により，すべての児童生徒の発達を支える

常態的・先行的な生徒指導に有用で，限られた学習時間であっても効果のあ

表 5-1　日本で実践されている主な心理教育的プログラム

	プログラム名称（主な略称）	主なねらい	主な参照先
1	Social and Emotional Learning of 8 Abilities (SEL-8)	8つの社会的能力を総合的に育てる	渡辺・小泉（2022）
2	対人関係ゲーム	遊びの力で集団（群れ）を育てる	田上（2015）
3	構成的グループエンカウンター（SGE）	本音を表現しあい，それを互いに認めあう体験をする	國分・國分（2018）
4	ストレスマネジメント教育	ストレスと対処方法を理解して実践する	日本ストレスマネジメント学会
5	ソーシャルスキルズトレーニング（SST）	対人関係で求められる社会的スキルを学習する	佐藤・相川（2005）
6	学級集団を対象とした認知行動療法（Class-wide CBT）	不安などメンタルヘルス問題の予防と対処能力の獲得	小関（2017）
7	はたらきメダルによる自己理解と自己有用感の促進	6つの職業興味から学校と職業のつながりを理解する	東京書籍 EduTown あしたね

る心理教育的プログラムがさまざまに開発され実践されています。ここでは，それらの実証に基づいたいくつかのプログラムを紹介します。

表 5-1 で取り上げた**心理教育的プログラム**は，どれも学級集団を対象としたプログラムで，対人関係能力の向上や精神的健康の増進などに効果が認められています。それぞれのプログラムの詳細については主な引用文献に記している参照先を確認してください。ここで紹介した参照先以外にもさまざまな書籍や論文等で取り上げられています。

第4節　実践に向かって——児童・生徒の発達を支えるサイクルを循環させよう

ここまで，学級・HR で行う児童生徒全体への生徒指導について紹介してきました。共通するのは集団性と個別性の両面を活かして子どもたちの発達を支え，促していくことの重要性であり，そのために児童生徒相互の仲間関係や教師と児童生徒との信頼関係を構築することが土台になるということです。こうした土台をもとに，子どもたちは学校という環境のなかで発達していきます。実践に向けて，こうした発達を支え，促すための3つの視点を紹介します。

①児童生徒がI'm O.K. と感じられる機会と環境を作る

②児童生徒がChallengeする機会と環境を作る

③児童生徒にYou're O.K. と伝える（①につなげる）

こうした①～③の段階を進めることで，またそれが循環していくことで児童生徒の発達は支えられます。図5-3の心の土台で示したように，子どもたちの心のエネルギーが充足されていなければ，学校で準備されるさまざまなハードル（課題）を勢いよく越えていくことができません。そのためには，一人ひとりの〈人間の良さ〉体験の状態に配慮しながら，安心できる学級・HR集団を作り，がんばりが認められて楽しいと感じられる学校生活を送ることで「I'm O.K.（私は大丈夫，できる！）」と感じられるように指導していきます。そして，目の前の子どもたちにとって最適な高さ（困難度）となるハードルを設定します。そのためには十分な教育評価が欠かせません。また，**ヴィゴツキーの学習の最近接領域**（自力では難しいが，誰かの支援があれば達成可能な領域）にある課題を設定することで，それらをクリアした時に子どもたちが達成感や成就感を得ることができます。また，仮にうまくいかなかったとしても「よくがんばったね（You're O.K.）」と挑戦したこと自体に肯定的な言葉かけをしていきます。もちろんYou're O.K. には「よくできたね」という達成へのほめ言葉も含まれます。しかし，「よくがんばったね」という言葉は，成果ではなくがんばろうとした児童生徒自身を褒めていますので，より自己肯定感が高まる側面があるのです。成果を褒められるよりも，自分自身の存在を褒め，認める言葉を多くかけていくことが重要なのです。

（永作　稔）

演習問題

児童生徒が，学級・HRや学校における生活づくりに参画していること，できていることを実感できるようにするための取組や工夫，声掛けについて具体的に考えてみましょう。

【引用文献】

菅野純・桂川泰典（編著）（2012）．いじめに負けない「つよさ」を育てるには　菅野純・桂川泰典（編著）　いじめ――予防と対応 Q&A73――　60-61. 明治図書出版

國分久子（監修）・國分康孝（著）（2018）．構成的グループエンカウンターの理論と方法――半世紀にわたる探究の成果と継承――　図書文化社

小関俊祐（2017）．子どもを対象とした学級集団への認知行動療法の実践と課題　Journal of Health Psychology Research, **30**, 107-112.

日本ストレスマネジメント学会（2023）．ストマネマスターへの道　https://plaza.umin.ac.jp/jssm-since2002/roadtosmm/

佐藤正二・相川充（編）（2005）．実践！ソーシャルスキル教育 小学校編――対人関係能力を育てる授業の最前線――　図書文化社

田上不二夫（監修）・伊澤孝（著）（2015）．学級の仲間づくりに活かせるグループカウンセリング――対人関係ゲーム集――　金子書房

東京書籍 EduTown あしたね　https://www.edutown.jp/family/ashitane.html

渡辺弥生・小泉令三（編著）（2022）．ソーシャル・エモーショナル・ラーニング（SEL）――非認知能力を育てる教育フレームワーク――　福村出版

6 個別の課題を抱える児童生徒への指導 1

いじめ

いじめは，短期的にも長期的にも被害者に深刻な被害を与え，その結果，自殺につながることもあることから，学校における深刻な問題の１つであり続けています。2013 年には「いじめ防止対策推進法」が成立し，教員のいじめ問題への対応が強く求められるようになりました。

本章では，生徒指導力を向上させるために，いじめとは何か，いじめに関わる要因といじめの構造，いじめ対応のための組織について学び，実践に向けて，いじめが起きた時に教員としてどう対応するのかを考えていきましょう。

第1節 いじめとは何か

1．いじめの定義

「いじめとは何か」という感じ方やとらえ方は人によって異なり，判断が難しいものです。しかし，いじめを正確に認識することは，いじめ対策の第一歩であり，いじめの未然防止や早期発見，いじめが起こってしまった場合の対応を考える上での大前提となります。日本では，**いじめ防止対策推進法**第２条にいじめの定義が定められています。そこでは「『いじめ』とは，児童等に対して，当該児童等が在籍する学校に在籍している等当該児童等と一定の人的関係にある他の児童等が行う心理的又は物理的な影響を与える行為（インターネットを通じて行われるものを含む。）であって，当該行為の対象となった児童等が心身の苦痛を感じているものをいう」とされています。つまり，ある児童生徒がほかの児童生徒から心理的あるいは物理的な影響を与えられ，その結果として心身の苦痛を感じた場合，その行為はいじめであるということです。この定義により，親切で行ったつもりの行為であっても，悪気がなかった行為であっても，衝動的な行為であっても，また，継続的でなくとも，一方的でなくとも，それらの行為を受けた児童生徒がなんらかの苦痛を感じた場合には，いじめに含まれます。みなさんはこの定義をみて，いじめの範囲が広すぎると思いませんか。

この法律上の「いじめ」は，私たちが一般的にイメージする社会通念上の「いじめ」の範囲よりも広く定義されています。なぜこのような広い定義を使っているのでしょうか。それは，学校現場が早期の段階でいじめを見逃さず，また，いじめ被害を受けている子どもに寄り添うためです。悪気がなかったから，ふざけていただけだから，インターネット上で行われたものだからいじめではない，そのように私たち教員が受け取ることは，いじめ被害にあっている子どもに寄り添ったものとはいえません。ささいなことでも予期せぬ方向に推移し，自殺などの重大な事態に至ることがあるのがいじめです。早期段階のいじめであっても，あるいは1回限りのいじめであっても，いじめであると認識し，必要に応じて指導し，解決につなげていくことが重要なのです。

また，いじめ防止対策推進法第28条では，**いじめの重大事態**についても定義されています。いじめの重大事態とは，早期に解決しなかったことで，いじめ被害が深刻化したケースのことであり，①生命，心身または財産に重大な被害が生じた疑いがある時，②相当の期間（年間30日を目安）学校を欠席することを余儀なくされている疑いがある時を指します。重大事態においては，事実関係が確定してから対応を開始するのではなく，疑いが生じた段階で教育委員会などと連携して対応していくことが求められています（文部科学省，2017）。

2. いじめの現状

今みたように，文部科学省はいじめを見逃すことがないように，いじめ認知に力を入れています。図6-1は，「児童生徒の問題行動・不登校等生徒指導上の諸課題に関する調査（以下，諸課題調査）」で報告された，2011年度から2021年度までのいじめ認知件数の推移を示しています。このグラフからは，年々いじめの認知件数が増加していることがわかりますが，図6-1を見る際，2つの点に留意する必要があります。1つ目は，いじめの発生件数ではなく，認知件数であるという点です。いじめはおとなの目に見えない場所で行われることが

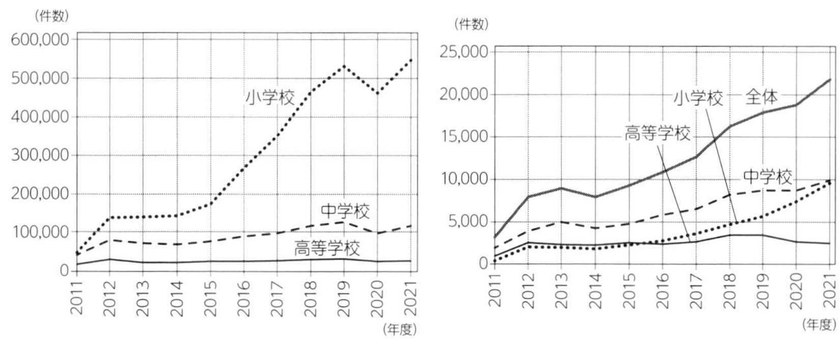

注1）2013年度からは高等学校に通信制課程を含める。　注2）2013年度からは高等学校に通信制課程を含める。

図6-1　2011年度から2021年度までのいじめ認知件数の推移（左図）とネットいじめの認知件数の推移（右図）（文部科学省，2022）

あるため，その真の発生件数を把握することは困難です。そのため，報告されるのは教師などが認知した件数に限られています。2つ目は，認知件数が増加しているということは，決して悪いことではないということです。文部科学省（2016）は，いじめの認知件数が多いことは教職員の目が行き届いている証であり，正確にいじめを認知し，その上でいじめに対応していくことが重要であると述べています。逆に，いじめ認知件数が少ないことは，いじめを見逃している可能性があるとも指摘しています。これらからわかるように文部科学省は，いじめの定義を広くとらえ，その定義に沿っていじめを認知し，初期段階からいじめを見過ごさない姿勢を共有することを求めています。

認知されたいじめはどの程度解消されているのでしょうか。**いじめの解消**とは，単なる謝罪だけで簡単に解消とされるものではありません。いじめが解消している状態とは，少なくとも次の2つの要件が満たされている必要があるとされています（文部科学省，2013，2017）。それは，①被害者に対する心理的又は物理的な影響を与える行為が止んでいる状態が相当の期間（3か月が目安）継続している，②被害者が心身の苦痛を受けていない（本人や保護者の面談等で心身の苦痛を感じていないかどうか確認する），の2つです。この要件が示された2017年以降，いじめの解消率は約80％程度，解消に向けて取組中の割合は約20％程度となっています。学校種によって異なりますが，2021年度の諸課題調査の結果では，長期化（3ヵ月以上経過）しているいじめも6～11％程度あることが示されており，いじめ問題への対応の難しさが示されています。

3. いじめの態様

具体的にいじめとはどのような行為を指すのでしょうか。文部科学省がいじめ調査などで示している，いじめの具体的な行為は，表6-1にある8つの行為になります。表6-1に示した割合をみると，小中高に共通して「冷やかしやからかい，悪口や脅し文句，嫌なことを言われる」ことが多いことがわかります。また，小中では「軽くぶつかられたり，遊ぶふりをして叩かれたり，蹴られたりする」が2番目に高く，高等学校では「パソコンや携帯電話等で，ひぼう・中傷や嫌なことをされる」が2番目に高いことがわかります。このように，いじめの様態は発達段階によって異なることが示されています。

また，近年，児童生徒の携帯電話・スマートフォンの所有率の増加に伴い，インターネット等を通じて行われる**ネットいじめ**が増加しています（図6-2）。ネットいじめはSNS（ソーシャル・ネットワーク・サービス）などを利用して行われるため，教師や保護者からは見えにくい面があります。さらに，ネットでのいじめは，そうでないいじめよりも，加害者の特定が難しい，情報が拡散されやすい，ひぼう・中傷がエスカレートしやすいという特徴があります。これらの

表6-1　いじめの具体的な行為と諸課題調査（令和3年度）での割合（文部科学省，2022）

いじめの具体的な行為	小学校	中学校	高等学校
①冷やかしやからかい，悪口や脅し文句，嫌なことを言われる	57.0%	62.2%	58.7%
②仲間外れ，集団による無視をされる	12.4%	9.6%	15.8%
③軽くぶつかられたり，遊ぶふりをして叩かれたり，蹴られたりする	25.0%	14.3%	7.7%
④ひどくぶつかられたり，叩かれたり，蹴られたりする	6.3%	4.9%	3.0%
⑤金品をたかられる	0.9%	0.9%	2.1%
⑥金品や所持品を隠されたり，盗まれたり，壊されたり，捨てられたりする	5.1%	5.0%	4.8%
⑦嫌なことや恥ずかしいこと，危険なことをされたり，させられたりする	9.6%	8.1%	6.2%
⑧パソコンや携帯電話等で，ひぼう・中傷や嫌なことをされる	1.9%	10.0%	17.3%
⑨その他	4.5%	3.5%	7.6%

注1）複数回答可のため，合計は100％を超える
注2）割合の母数は，小学校，中学校，高等学校それぞれの認知件数

ことからネットいじめの予防や早期発見・対応が重要な課題となっています。

第2節 いじめに関わる要因といじめの構造

1. いじめのリスク要因と保護要因

いじめの原因を特定することは難しいですが，いじめ加害・被害につながりやすいリスク要因や，逆に，いじめ加害・被害につながりにくくなる保護要因が明らかにされています。いじめ加害のリスク要因としては，外在化問題（反抗的，攻撃的）傾向，共感性の低さ，道徳的な意識の欠如，逸脱的な仲間の影響が大きく関与していることが示されています。また，いじめ被害のリスク要因としては，内在化問題（不安や落ち込み）傾向，自尊心の低さ，社会的スキルの不足，仲間内地位の低さ（友だちがいないなど）が大きな要因とされています（Cook et al., 2010; Zych et al., 2017）。ただし，これらの要因があるからといって必ずしもいじめにつながるとは限りませんし，また，これらの要因があるからといって，いじめをすることが許容されるわけでは絶対にありません。

一方で，いじめ加害を防止するための保護要因としては，共感性の高さ，良好な学業成績，社会的スキルの高さ，向社会的な仲間の影響，良好な学校風土，そして家庭環境の良さが関連することが示されています。また，いじめ被害を防止するための保護要因としては，社会的スキルの高さ，自尊心の高さ，良好な学業成績，仲間内地位の高さ（友だちが多いなど），向社会的な仲間の影響，良好な学校環境，そして家族関係の良さがあげられます（Zych et al., 2019）。これらのリスク要因を軽減し，保護要因を促進するようなアプローチをとることが，効果的ないじめの未然防止につながるのです。

2. いじめの構造

いじめは加害者と被害者のあいだだけで起こるものではありません。いじめ行為を見てはやしたてたりおもしろがったりする「観衆」，関与を避け，見て見ぬふりをする「傍観者」もいじめに関係しているのです。このように，いじめを被害者，加害者，観衆，傍観者の４者で成り立っているとする考え方を，

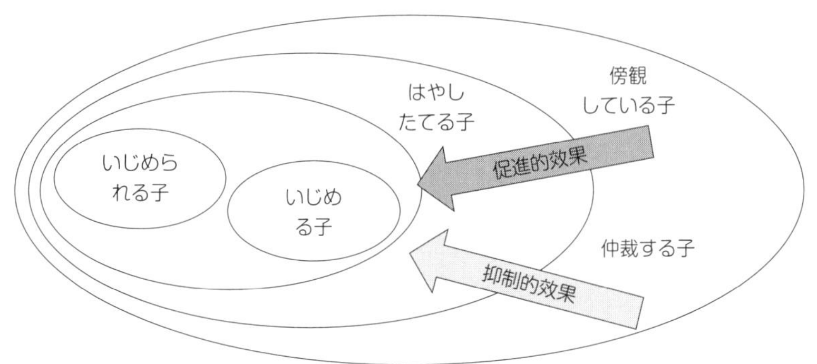

図 6-2 いじめの４層構造理論の概念図（森田・清永，1994 をもとに作成）

いじめの４層構造理論（森田・清永，1994：図 6-2）といいます。この理論では，いじめという行為が深刻化するのは，積極的にいじめを肯定する観衆や，意図していないとしても結果的にいじめを肯定してしまうことになる傍観者の作用によるものであると説明されています。一方，傍観者層の一部から，いじめをやめようと訴えたり，いじめられている子に寄り添ったり，直接止めに入らなくとも否定的な反応を示す「仲裁者」が現れれば，いじめが起こりにくい，あるいは起こっても深刻化しにくいと考えられています。この理論から，いじめの未然防止や早期発見のためには，仲裁者の育成が重要になると考えられます。

なお，図 6-3 では，教師や保護者についてはふれられていませんが，森田・清永（1994）も指摘しているように，いじめについて考える際には，４層構造の外側にさらに教師および保護者の2層をつけ加えて検討する必要があります。

第３節 いじめ対応のための組織

では，いじめにはどのように対応すればよいのでしょうか。いじめは認知件数が多く，さまざまな形で現れ，その背景には多様な要因があるため，１人の教員だけですべての側面に対応することは困難です。そこで，いじめ問題についても組織として対応していくことが必要なのです（第４章も参照）。

いじめ防止対策推進法第 13 条によって，学校はいじめ防止のための基本方針を策定することが義務づけられました。この基本方針は，いじめの防止やいじめの早期発見，そして対処のために必要な取組を定めるものです。また，同法第22条によって，すべての学校はいじめ問題を特定の教職員で抱え込まず，組織的に対応するため**学校いじめ対策組織**を設置することが義務づけられました。前述のいじめの保護要因にも良好な学校風土・学校環境があげられていたように，全校をあげていじめ問題に取り組むことが重要なのです。

学校いじめ対策組織では，管理職がリーダーシップをとり，生徒指導主事などを中心に，教務主任，学年主任，担任，養護教諭，特別支援教育／教育相談コーディネーターなどが協力して指導・相談体制を整える必要があります。また，外部専門家として心理や福祉の専門家であるSC（スクールカウンセラー）やSSW（スクールソーシャルワーカー），弁護士，医師，警察官経験者などを加え，いじめ問題に多角的に対応することが求められています。

この組織の役割は，①学校のいじめ防止基本方針に基づく年間指導計画（いじめアンケートや教育相談週間，道徳科や学級・ホームルーム活動等におけるいじめ防止の取組など）の作成・実行，②いじめの相談・通報の窓口の設置，③いじめの疑いのある場合，情報の迅速な共有，児童生徒へのアンケート調査や聞きとりの実施，指導・援助の体制の構築，方針の決定と保護者との連携の遂行，④学校のいじめ防止基本方針の点検と検証，⑤いじめの重大事態の調査組織の母体の構築となります。こうした大きな組織では，教職員間での情報共有が不可欠であり，アセスメント・シートなどを活用した情報や対応方針の可視化（見える化）を図っていくことが求められます。

第4節 実践に向かって――いじめへの対応

いじめ防止対策推進法第8条において，学校および学校の教職員は，①いじめの未然防止，②早期発見，③適切かつ迅速ないじめへの対処が責務であるとされています。つまり，いじめへの対応とはいじめが起こった後の対処・対応だけではなく，未然防止や早期発見も含まれるということです。ここでは，2章で学んだ4層支援構造に沿って，いじめへの対応をみていきたいと思います。

1．いじめ防止につなげる発達支持的生徒指導

いじめは，どの子どもにも起こりうる問題です。また，発達の途上にある児童生徒は，その未熟さゆえに，いじめをしてしまうこともあるかもしれません。そのため，すべての児童生徒を対象とした，いじめ防止のための発達支持的生徒指導が必要となるのです。いじめ防止につながる発達支持的生徒指導では，年間指導計画を立て，児童生徒が互いを多様な存在として認め，自己指導能力を身につけ，何が正しく何が間違っているかを自分の頭で考える力を養い，理不尽なことを許さない社会を築く人になることを支援していきます（文部科学省，2023a）。

発達支持的生徒指導での具体的な取組としては，いじめのリスク要因や保護要因をふまえると，人権教育，道徳性や共感性の育成，社会的スキルトレーニングなどがあげられます。また，いじめ保護要因としての学業成績に関しては，わかりやすい授業づくりを進めることも効果的だと考えられます（国立教育政策研究所，2013）。ネットいじめを考慮すれば，インターネットの使用方法に関する情報モラル教育も必要です。さらに，良好な学校風土，学校環境のために学級経営も重要です（第５章も参照）。たとえば，構成的グループエンカウンター（國分・國分，2004）などを通じて，向社会的な仲間集団を育てたり，自尊感情を高めたりすることも，いじめ防止につながります。

2．いじめの課題予防的生徒指導

(1) いじめの未然防止教育

いじめは，一度起きてしまえば被害者はもちろんのこと，加害者，まわりの子どもたち，保護者，そして先生たちにも悪影響を及ぼす深刻な問題です。いじめが起きてから対応するだけでは，手遅れになってしまうこともありますし，対応には多大な時間やリソースが必要となります。だからこそ，いじめ問題への対応でもっとも重要なのは，未然に防ぐことです。

いじめの未然防止教育の目的は，児童生徒がいじめをしない態度やいじめにあった時に対処する能力を身につけることです。たとえば，逸脱的な仲間からの影響を防ぎ，向社会的な仲間からの影響を促進するために，「いじめは許されない」という集団規範を育てることがあげられます（大西，2015）。そのなか

では，単に頭で理解するだけでなく，実際の感覚としていじめは許されないということを理解するために，児童生徒同士でいじめに関する実際の事例や動画などを教材として用いて検討したり，いじめ場面のロールプレイを行ったりするなど，体験的な学びが重要になります（文部科学省，2023a）。また，いじめを受けた時に，教師や保護者に相談できる力を育てることも重要になります。児童生徒が，信頼できるおとなを見つけられるように，教師や保護者は積極的に関わり，コミュニケーションをとることが求められます。

そして，いじめの未然防止のためには，いじめの4層構造理論でみた，仲裁者の役割が重要でした。しかし，いじめの仲裁者が現れることは簡単なことではありません。いじめの仲裁者が現れるためには，まず教師が児童生徒にとって，信頼できる存在でなければいけません。信頼される教師になるためには，教師が子どもの好きなものに興味をもったり，興味・関心を引く授業を行ったり，教師自身が子どもに自己開示を行ったりすることが必要です。これらを土台に，いじめを見た時に，どのようにふるまうことが適切なのかを教えることで仲裁者を増やすことが可能になります。これらの取組を道徳科や学級・ホームルーム活動に取り入れることで，未然防止の試みは進んでいきます。

(2) いじめの早期発見対応

未然防止をいくら進めたとしても，いじめを完全に防ぐことは難しいかもしれません。しかし，いじめが起きてしまった場合でも，早期に発見できればその問題を比較的容易に解決することができ，深刻な悪影響を避けることができるかもしれません。そのため，早期発見も重要なポイントです。

文部科学省（2022）によると，いじめ発見のきっかけは1位がアンケート調査など学校の取組（57.8%），2位が本人からの訴え（16.4%），3位が当該児童生徒の保護者からの訴え（10.3%），4位は学級担任による発見（9.5%）となっています。ここから，アンケート調査の活用や面談週間の実施，相談窓口の周知などを行い，児童生徒から話を聞くなどすることが早期発見の有効な方法であることがわかります。一方で，学級担任による発見の難しさも示されています。

いじめ，とくにネットいじめは教師の目が届かないところで行われるため，直接的にいじめを発見することは容易ではありません。そこで，いじめのサイン

（言葉，表情，しぐさ，行動）に注目することが必要になります。いじめのサインとは，たとえば，成績が急に下がったり，表情がさえず，おどおどしたり，うつむきがちになったり，休み時間に1人でいることが多くなったり，ある子に対するからかいや悪ふざけが集中して起こったり，といったものです（菅野・桂川，2012）。いじめのサインを含め，子どもたちの日常の様子をしっかりと観察することで，いじめの早期発見につながりやすくなります。また，いじめはどの子どもにも起こりえる問題ですが，そのなかでもいじめ加害・被害のリスク要因が高い子には，日頃からとくに注視していくことが重要です。

早期発見ができた後は，適切な初期対応が重要になります。初期対応の基本的な流れを図6-3に示しました。対応にあたっては，学校全体で組織的に行うことが重要であり，同時に被害者のケアを最優先する姿勢が求められます。

被害者への対応にあたっては，強引に話を聞き出そうとしたり，安易な助言や励ましをしたりせず，被害者の立場に立って，共感的にいじめについて話を聴くことが必要です。教師はいじめに立ち向かう支援者として「必ず守る」という決意を伝え，相談時間や場所への配慮など安心できる環境を用意します。そして，ある程度話を聴くことができたら，被害者がどのような支援を必要としているのかというニーズを確認し，安全な居場所の確保や加害者と学級全体への指導に関する具体的な支援策を提示し，本人や保護者の了解を得ながら対応を進めていきます。

時にはいじめられる側にも非があることもあるかもしれません。しかし，そうした場合でも，被害者を責めないことを強く意識し，被害者へのケアを最優先し，事態が落ち着いた後にその部分について指導することが大切です。被害者に非があったとしても，いじめは決して許されません。

加害者への対応にあたっては，いじめをやめるように働きかけることが重要です。いじめをやめた理由としてもっとも多いのは，「いじめられる人の気持ちが分かったから」や，「ばかなことをしている自分に気づいた」といった道徳・共感的理由です（本間，2003）。加害者のいじめを行った言い分自体は聞いた上で，いじめという行為は絶対に許されないことを指導し，道徳・共感的な部分に気づかせることによって，加害者の人間的な成長を促進することが生徒

いじめ情報のキャッチ
本人･保護者･他の児童生徒からの訴え,教職員の発見,アンケート調査の結果,他からの情報提供

･被害児童生徒本人や保護者からの訴えがあった場合,先入観を持たず十分に聴き取り,思いに寄り添いながら受け止める
･いじめは「どの学校にも,どのクラスにも,どの子どもにも起こりえる」という認識のもと,
問題を軽視することなく早期に適切な対応を心掛ける。

対応	
内容	留意点
① 周囲に報告する	一人で抱え込まず,周囲（管理職,学年主任,生徒指導主事等）に報告･相談することが重要
② チームで初期対応の方針を立てる	学年･学校の課題として捉え,複数の教職員で検討する（学校いじめ対策組織の活用） 検討内容: ･チーム内での情報収集（当該児童生徒の様子,過去のアンケート結果,相談記録） ･事実確認の方法の検討 ･役割分担の明確化（いつ,誰が,どこで,誰に対して） ･中心的な役割（リーダーを決める）
③ 当該児童生徒に対して事実を確認する	被害者･加害者の両方,場合によっては第三者 or 情報提供者に対しても行う 被害者に対しては事実確認と同時に,心のケアを図るとともに解決に向けた方法を一緒に考える 加害者に対しては,まず事実を丁寧に確認することを心がけ,事実確認後指導を行う 加害者が複数いる場合,複数の教職員で個別に別室で同時に聴き取りを行う
④ 今後の指導体制,指導方針を決定する	事実確認の内容をもとにチームで今後の指導方針を検討する 指導方針を教職員で共有することが重要
⑤ 保護者へ連絡する	児童生徒に対して事実確認をした日に保護者に連絡する（家庭訪問,電話等） 客観的な事実,現在の状況,今後の方針策等について説明する 保護者の気持ちに配慮し,丁寧な対応を心がける 継続して家庭と連携を取りながら,解決に向かって取組むことを伝える
⑥ 報告書を作成する	今後の指導に役に立てるために記録に残す

※ いじめ解消に向けて取り組むにあたっては,迅速な対応が大切であることから,いじめの情報が入ってから学校の方針に至るまでを初期対応と考え,いじめの情報を得たその日あるいは翌日までに対応することを基本とする。
※ 重大事態と判断される場合には,国の基本方針および「いじめの重大事態の調査に関するガイドライン」に基づいて適正に対応する。

図 6-3　いじめ初期対応の基本的な流れ（石川，2020 をもとに作成）

指導の上では重要なのです。解決を急いで，加害者を無理に謝罪させても，その場限りの謝罪や反省になってしまう可能性があります。

そして，観衆と傍観者についての対応です。いじめは許されないという集団規範を確認した上で，いじめを見た時には，その行為を止めることや，いじめがあったことを教師に伝えることをしてほしいと子どもたちに伝えることが，いじめをしない態度や能力を伸ばすことにつながります。

3. いじめの困難課題対応的生徒指導

適切な初期対応ができなかった場合，問題が複雑化，長期化し，対応が難しくなってしまうことがあります。こうした状況の対応には正解はありません。学校いじめ対策組織において，初期対応の流れを参考に，事例検討会議を開き，丁寧に情報を聞きとり，共有し，多角的な視点から知恵を出しあって，被害児童生徒への援助方針および加害児童生徒への指導方針，周囲の児童生徒への働きかけの方針について即座に計画を立て，実行します。加害者に対しては，懲戒による指導や出席停止などの措置も検討されます。また，犯罪行為として取り扱われるべきいじめなどについては，警察に相談・通報を行うことも必要です（文部科学省，2023b）。

4. まとめ

被害者の心の傷は簡単に癒えるものではなく深刻な問題に発展することもあります。だからこそ，いじめについては未然防止・早期発見という課題予防的生徒指導に取り組むことが重要なのです。ただし１人で取り組むことはありません。いじめを絶対に許さないという姿勢のもと，チームで協力して，いじめ問題に取り組んでいきましょう。

（村上　達也）

演習問題

あなたは学校の先生（あるいは教育実習生）として，清掃指導のために校内巡回をしている時に，生徒たちがいじめをしている場面に遭遇しました。その生徒たちは，自分の担当している学年の生徒ではなく，事情はよくわかりません。あなたはどのように対応するべきなのか，考えてみましょう。

【引用文献】

Cook, C. R., Williams, K. R., Guerra, N. G., Kim, T. E., & Sadek, S. (2010). Predictors of bullying

and victimization in childhood and adolescence: A meta-analytic investigation. *School psychology quarterly*, **25** (2), 65-83.
本間友巳 (2003). 中学生におけるいじめの停止に関連する要因といじめ加害者への対応 . 教育心理学研究 , **51** (4), 390-400.
石川満佐育 (2020). いじめの理解と対応　山口豊一・石隈利紀（編）新版　学校心理学が変える新しい生徒指導――一人ひとりの援助ニーズに応じたサポートをめざして――（pp. 96-106）学事出版
菅野純・桂川泰典（編著）(2012). いじめ：予防と対応 Q&A73　明治図書出版
國分康孝・國分久子（総編集）(2004). 構成的グループエンカウンター事典　図書文化社
国立教育政策研究所 (2013). いじめのない学校づくり――「学校いじめ防止基本方針」策定 Q&A　生徒指導リーフ増刊号，Leaves.1　生徒指導・進路指導研究センター
文部科学省 (2013, 2017). いじめ防止等のための基本的な方針
文部科学省 (2016). いじめの正確な認知に向けた教職員間での共通理解の形成及び新年度に向けた取組について（通知）
文部科学省 (2017). いじめの重大事態の調査に関するガイドライン
文部科学省 (2022). 令和 3 年度児童生徒の問題行動・不登校等生徒指導上の諸課題に関する調査結果
文部科学省 (2023a). 生徒指導提要――令和 4 年 12 月――　東洋館出版社
文部科学省 (2023b). いじめ問題への的確な対応に向けた警察との連携等の徹底について（通知）
森田洋司・清永賢二 (1994). いじめ：教室の病い（新訂版）　金子書房
大西彩子 (2015). いじめ加害者の心理学――学級でいじめが起こるメカニズムの研究――　ナカニシヤ出版
Zych, I., Farrington, D. P., Llorent, V. J., & Ttofi, M. M. (2017). Protecting children against bullying and its consequences. New York: Springer.
Zych, I., Farrington, D. P., & Ttofi, M. M. (2019). Protective factors against bullying and cyberbullying: A systematic review of meta-analyses. Aggression and violent behavior, **45**, 4-19.

個別の課題を抱える児童生徒への指導２

暴力行為・非行

暴力や非行は決して許されるものではありません。しかしながら，それらが起こる背景はとても複雑です。その背景には，子どもの気質やパーソナリティの問題だけではなく，家庭の問題や社会の問題等さまざまな要因が複雑に絡みあっています。暴力や非行には毅然とした指導が必要ですが，表に現れた行為だけをみていたのでは解決につながらず，その背景も理解しながら指導を進めていく必要があります。

本章では，暴力行為と非行の定義と現状，背景要因，学校での対応について考えます。暴力行為と非行の対応では，保護者・地域住民・関係機関との連携が必須になるため，これらについても詳しく説明します。

第1節　暴力行為と非行の定義と現状

1. 暴力行為

暴力行為は「児童生徒が，故意に有形力（目に見える物理的な力）を加える行為」と定義されます（文部科学省，2023）。小中高等学校における暴力行為の発生件数を図 7-1 に示しました。この図から，小学校の発生件数が 2013（平成 25）年以降増加していることがわかります。

暴力行為は，暴力の対象によって，対教師暴力，生徒間暴力，対人暴力，器物損壊の 4 つに分かれます（表 7-1）。発生件数としては生徒間暴力がもっとも多くなっています（文部科学省，2023）。

2. 非行

非行とは一般に法律や社会規範に反する行為等を指します。**非行少年**といっ

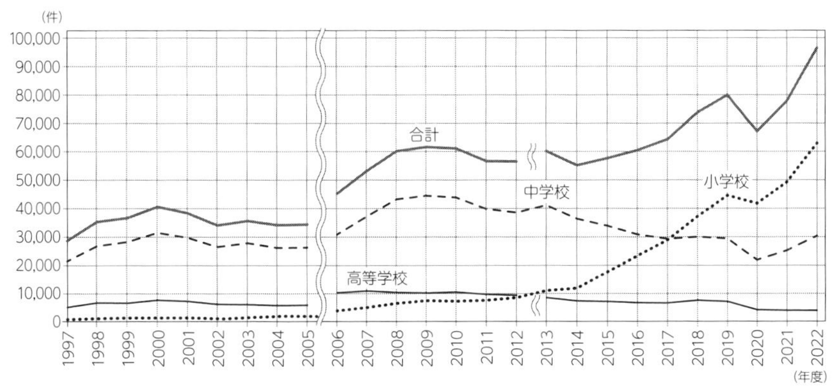

図 7-1　暴力行為の発生件数の推移（文部科学省, 2023）

表 7-1　暴力行為の分類

種類	定義	具体例
対教師暴力	教職員に対する暴力	指導されたことに激高して教師の胸倉をつかんだり突き飛ばしたり足を蹴ったりする
生徒間暴力	一定の人間関係がある児童生徒同士の暴力	校内の生徒同士が喧嘩になり，殴りあう 他校の顔見知りの生徒に集団で暴行を加える
対人暴力	見知らぬ他者への暴力	他校の見知らぬ生徒に因縁をつけ殴りかかる 学校に来賓として招かれた地域住民を足蹴りする
器物損壊	学校の施設・設備等の損壊	ドアや学校の備品（掃除道具等）を故意に壊す 学校で飼育している動物を故意に傷つける

た場合には**犯罪少年**，**触法少年**，**ぐ犯少年**の三者を指します（詳細は第 10 章を参照）。

非行少年と関連する用語として**不良行為少年**があります。不良行為少年とは「非行少年には該当しないが，飲酒，喫煙，深夜はいかいその他自己又は他人の徳性を害する行為をしている少年」と定義されます（少年警察活動規則第2条7）。

非行少年と不良行為少年の人数はどちらも減少傾向にあります（警察庁，2023；法務省，2023；図 7-2）。その一方で，近年の非行や不良行為は多様化・低年齢化していると指摘されています。たとえば，大麻の乱用で検挙された 20 歳未満の人数は 2013 年以降増加が続いています（文部科学省，2022）。さらに，

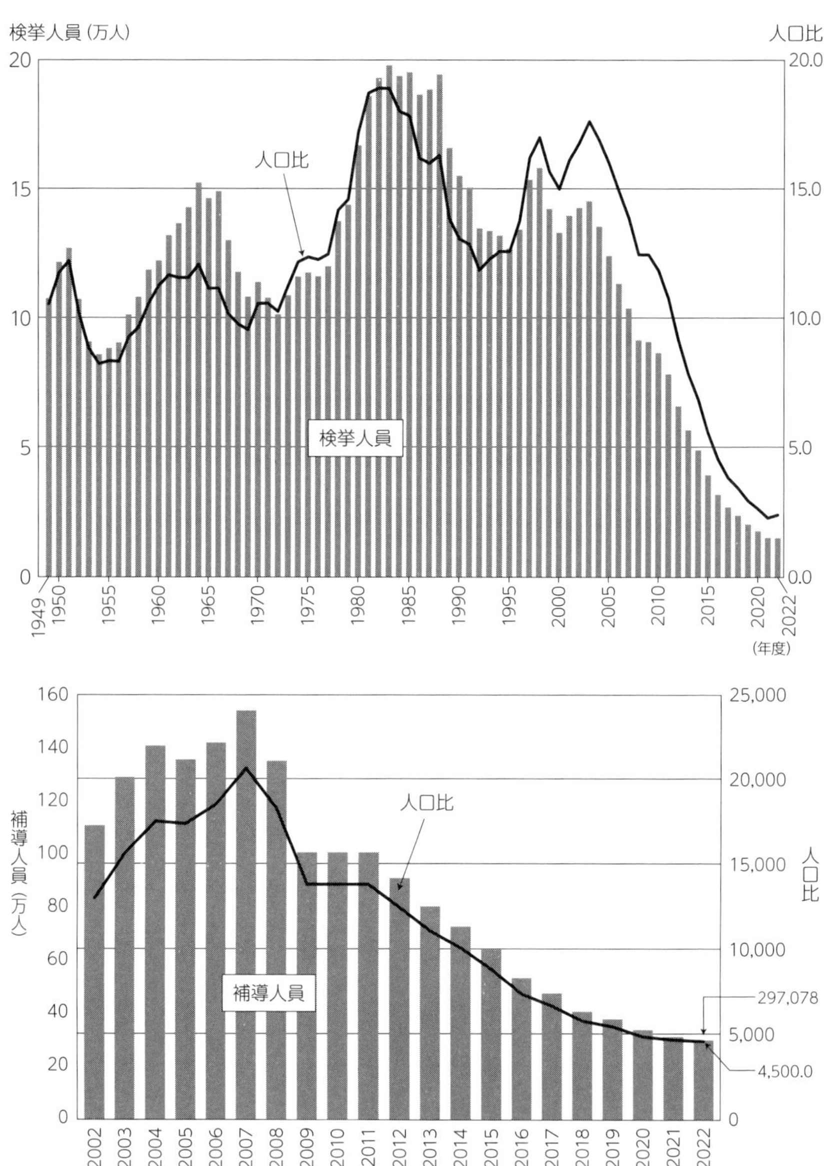

図 7-2　犯罪少年（刑法犯のみ）の検挙数（警察庁，2023）**と不良行為少年の補導数**（法務省，2023）

注）犯罪少年の人口比は少年 1,000 人当たりの検挙人員を表し，不良少年の人口比は少年 10 万人あたりの補導人員を表す

10代における一般用医療品の乱用も問題視されています（文部科学省，2022）。大麻や一般医療品の乱用は今後若年層において拡大することが懸念されており，予防的な取組の重要性が高まっています。

 第2節 暴力行為と非行の背景にある要因 

暴力行為や非行は何の理由もなく突然起こるわけではありません。その背景にはさまざまな要因があり，これらが複雑に絡みあい，蓄積され，最終的に暴力や非行が起こります。その要因は大きく「子ども自身のこと」「家庭のこと」「学校のこと」「社会全体」に分かれます（文部科学省，2001）。これらの要因の詳細を表7-2にまとめました。

アセスメントにおいては，暴力や非行の背景要因を複合的にとらえる必要があります。たとえば，子ども自身の要因である社会性の欠如は，親から不適切

表7-2 暴力行為や非行に関係する要因（小保方・無藤（2006）や文部科学省（2001，2011）などを参考にして作成）

要因の分類	具体的な要因
子ども自身の要因	・セルフコントロールの欠如：自分の衝動や感情をコントロールできない ・社会性の欠如：共感性（視点取得能力含む），道徳性，規範意識が不足している。自己中心性がある ・コミュニケーションスキルの欠如：適切な自己表現方法について知識がない。または，知識があっても実行できない ・心理的ストレス：解消することができない悩みや葛藤が蓄積している ・学校不適応：授業についていけない，教師との関係が悪い等
家庭の要因	・放任や暴力など不適切な養育が行われている ・基本的な生活習慣や倫理観を十分に教育できていない ・親同士が不仲であったり家庭が崩壊したりしている ・両親が離婚しており片親である
学校の要因	・生徒指導体制が十分機能しておらず学校内で規律が乱れている ・学校での充実感や居場所感を児童生徒に与えられていない
社会全体の要因	・インターネットおよび携帯電話の普及や少子化など子どもを取り巻く環境が変化している ・社会全体において人間関係が希薄化している ・おとなの規範意識が低下している
その他の環境要因	・友人関係：周囲の不良少年と仲間関係をもつようになる ・地域の特性：非行のきっかけになる場所が地域にある

な養育（暴力や虐待など）を受け続けることによって形成されることがあります。暴力や非行の根っこは深く，複雑なため，外部の関係機関・専門機関と協力しながら長期的な視点で指導を進めていく必要があります。

第3節 暴力行為と非行の指導

1．指導の視点

暴力行為と非行の指導では，第2章で説明した4層支援を学校全体で計画的に行うとともに，家庭・地域・関係機関と連携しながら進めていきます。「学校全体で計画的に行う」とは，全校的な指導体制のもとで，PDCA サイクルに沿って4層支援を行うということです。また，「家庭・地域・関係機関と連携して進めていく」とは，保護者・地域住民・警察等と協力しながら4層支援を進めるということです。

以下では暴力行為を取り上げて，上記の点を詳しく説明します。

2．4 層 支 援

暴力行為に対する4層支援の概要を図7-3に示しました。各支援の具体的な内容を文部科学省（2011，2022）に基づきながら説明します。

(1) 発達支持的生徒指導

これには大きく2つの取組があります。1つ目は，児童生徒を取り巻く学校生活環境を整えることです。具体的には，安心・安全な環境，暴力は許されないという認識，コミュニケーションを用いてお互いを理解・尊重しあう雰囲気を学校内に作ることです。こういった環境作りを最初に行って，その後の指導の基盤とします。

2つ目は，児童生徒一人ひとりの社会的な資質・能力を育むことです。具体的には，**向社会性**（思いやりや助けあいの心），**共感性**，**コミュニケーションスキル**，**自己指導能力**などを，日々の声かけやかかわりのなかで，また，道徳教育や人権教育を通して，育んでいきます。

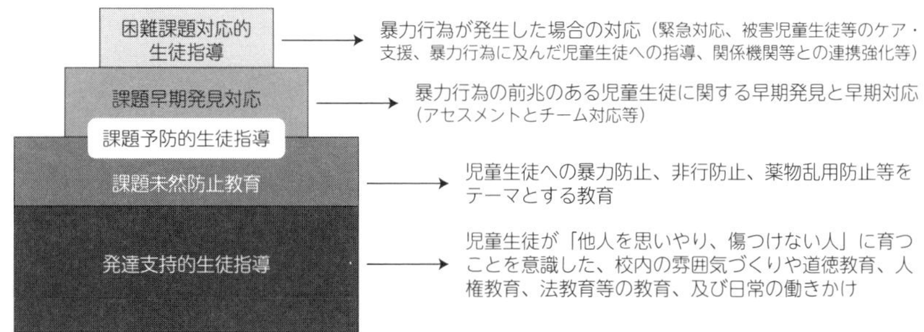

図 7-3　暴力行為に関する生徒指導の重層的支援構造（文部科学省, 2022）

(2) 課題未然防止教育と課題早期発見対応

課題未然防止教育と課題早期発見対応は，暴力行為を予防する指導です。暴力行為の及ぼす影響は大きいため，予防的な指導はきわめて重要です。

課題未然防止教育は，暴力行為の発生それ自体を防ぐための教育です。たとえば，道徳や特別活動の時間等において，教職員や外部講師が暴力・非行防止に関する授業や講演を行うことがあげられます。この教育では，児童生徒が自分で自分の行動を制御することができるように導く必要があります。たとえば，なぜ暴力がいけないのか，なぜ規範を守る必要があるのかを児童生徒が納得して理解できるように授業を工夫し，かれらが自分自身で暴力的な言動を抑えたり規範を守ったりできるように導く必要があります。同時に，暴力は場合によって警察等の措置の対象になることも，児童生徒に伝える必要があります（表 7-3）。

課題早期発見対応は，将来暴力行為に発展する可能性のある行動をいち早く発見して，その行動に即座に対応することを指します。以下，「早期発見」と「早期対応」に分けてポイントを説明します。

まず早期発見では，暴力行為の前兆行動や SOS のサインにいち早く気づき，それを学校全体で共有することが大切です。暴力行為の前兆行動としては，粗暴な言葉を使うこと，相手を殴るような素振りをすること，壊れない程度に物を蹴ることなどがあります。また，不機嫌やイライラ，落ち着きのなさ，興奮しやすさといった行動が SOS のサインとしてみられることがあります。こういった行動をありがちなこととして見逃さず，注意深く観察して

表 7-3　暴力行為と非行名（罰則）との関係（文部科学省，2022）

行為	非行名（罰則）
暴力をふるって人にケガをさせた	傷害罪（刑法第 204 条）
暴力をふるったが，相手はケガをしなかった	暴行罪（刑法第 208 条）
暴力によって物を壊した	器物損壊罪（刑法第 261 条）

SOS のサインかどうかを見極める必要があります。前兆行動や SOS サインを早期に発見するためには，担任教員 1 人ではなく学校全体で児童生徒を見守ることが大切です。そして，ささいなことでも教職員同士で情報を共有していくことが重要です。

また，日頃の児童生徒理解（アセスメント）を充実させることが早期発見につながります。つまり，発達面・学習面・心理面・社会（交友）面・家庭面など児童生徒の複数の面に注意を向け，一人ひとりの状態を**多面的に理解すること**です（表 7-4）。また，児童生徒を「教員 1 人の目で」（たとえば，担任教員 1 人で）アセスメントするのではなく，他の教職員と協力して「複数の目で」アセスメントすることも大切です。1 人で行うアセスメントには限界があります。この限界を認識することが重要です。その上でアセスメントを協働作業によって進めていきます。

次に，早期対応では，①事実や状況を正確に把握すること，②児童生徒の表面的な行動だけでなく背景要因も理解すること，③これらを達成するために先入観や偏見をもたずに児童生徒の話を聞くことが大切です。その上で，④児童生徒が自分の行為をふり返り，将来において自分の行動をみずから制御できるように導きます。つまり，児童生徒の**自律性**や**自己指導能力**を育む指導を行います。必要な場合には，保護者への働きかけや関係機関との相談を行い，チーム学校として当該児童生徒に指導や援助を行います。

(3) 困難課題対応的生徒指導

困難課題対応的生徒指導は，暴力行為が起こってしまった時の対応を指します。この対応は，担任教員等が単独で行うのではなく，校内で指導体制を作った上で，学校全体で行います。対応は大きく 3 つに分かれます。

1 つ目は，暴力行為を行った児童生徒に対する指導です。この指導において教師は，どのような理由があったとしても暴力は許されないという毅然とした

表 7-4　暴力行為の早期発見につながる多面的なアセスメント（文部科学省，2022）

- 学習面の遅れや進路の悩みが本人のストレスや自棄的な感情につながっていないか
- 飲酒や薬物乱用などの問題が見られないか
- 自己中心的な偏った考え方に陥っていないか
- 学校や地域における交友関係のトラブルやいじめなどの問題がないか
- 家庭における大きなストレスや被虐待の問題がないか
- 発達障害等の障害を背景とした二次的な問題が起こっていないか

姿勢で対応しなければなりません。しかしながら，一方的に叱責するだけの感情的・抑圧的な指導や，懲罰に頼るだけの対症療法的な指導では，この問題の根本的な解決にはならず，同じ行為がくり返されるだけです。そうならないように，加害児童生徒の内面に働きかける指導を行い，かれらが将来自分の意志でみずからの行動を制御できるように導く必要があります。この指導を実現するためには，日頃から児童生徒との**信頼関係**を築き，その信頼関係を基盤にして**対話**による指導を行うことや，暴力行為の背景にある課題（たとえば，心理的なストレスや葛藤）を解決できるように支援することが欠かせません。

2つ目は，被害者の手当を迅速に行うことです。これは暴力行為が生徒間暴力や対教師暴力であった場合に必要になり，対応の順序としては一番最初に行うことになるものです。この場合，早急に校長等の管理職の指示を仰ぎ，個人としてではなく組織として被害者のケアを行います。状況によっては救急や警察に即座に通報します。

3つ目は，他の児童生徒の安全・安心を確保し，かれらの学習権を保障することです。暴力行為には，学校の秩序を破壊し，他の児童生徒の学習を妨げる深刻なものがあります。また，学校が指導を継続しても改善がみられず，正常な教育環境を確保できないこともあります。このような場合，教育委員会は加害児童生徒の出席停止をその保護者に対して命じることができます。他の児童生徒が安心して学べる環境を確保するためには，こういった措置をとることも必要です。

3. 学校全体での組織的で計画的な取組

ここまでに述べてきた4層支援は，全校的な指導体制を作り，組織として行います。困難課題対応的生徒指導のみならず，発達支持的生徒指導や予防的生徒指導も，全校的な指導体制を作り，組織的に行っていきます。

組織的な取組において重要なのは，**指導目標**をはっきりさせて，**PDCA サイクル**に沿って計画的に指導を進めていくことです。たとえば，発達支持的生徒指導や課題未然防止教育では，暴力や非行を思いとどまらせる資質・能力を特定して，その資質・能力を育成できる取組を明確にします（表 7-5 参照）。そして，その取組を年度内に実施し，取組の効果を点検・評価し，次年度の取組へとつなげます。これら一連の作業を，学校全体で，一人ひとりの教職員が明確な意図をもって，行います。

4. 家庭・地域・関係機関との連携

暴力行為や非行への対応は，学校だけでできるものではありません。学校内ですべての問題を解決しようとする「抱え込み意識」を捨て，家庭・地域・関係機関との協力が不可欠であるという認識をもち，関係するすべての人たちと協働しながら指導や対応を進めなければなりません。

連携は 4 層支援のすべてにおいて行われます。ここでは関係機関との連携について説明します。その具体的な目的と内容を，表 7-5 にまとめました。これらの連携において重要なのは，関係者全員が「児童生徒の○○のために支援を行う」という具体的で明確な目的を共有し，その目的に向かってそれぞれの役割を遂行することです。連携の重要性が指摘されていながら，校内に連携体制を整備しただけであったり，形式的に講演や行事を行うだけであったり，情報を交換するだけであったりする事例がみられます。このように形だけの連携にならないように，何のために連携を行うのか，その目的に向かって具体的にどのような取組が必要かを明確にし，実践する必要があります（第 2 章も参照）。

表 7-5　4 層支援における連携の例

支援の種類	連携の具体的な目的	取組の名称	連携先
発達支持的生徒指導	人権の意味や必要性の理解 視点取得能力の育成	人権教育 道徳教育 社会性と情動の学習プログラム	弁護士（またはスクールロイヤー） 法務局 人権擁護委員等の民間ボランティア 大学教員（心理･教育･福祉等の専門家）
課題未然防止教育	暴力行為や非行を自律的に抑止する自己指導能力の育成 非行に対する法的処遇の理解 薬物乱用の影響の理解 暴力行為や非行の発生のしくみの理解	道徳教育 法教育 非行防止教育 薬物乱用防止教育 ストレスマネジメント教育 アンガーマネジメント	弁護士（またはスクールロイヤー） 法務局 検察局 警察署 少年院 少年鑑別所 児童相談所 大学教員（心理・教育・福祉・法律等の専門家）
課題早期発見対応	暴力行為の背景にあるストレス等の軽減 保護者以外のおとなとの信頼関係の構築 家庭環境の調整等	児童生徒のアセスメントとカウンセリング 保護者のアセスメントとカウンセリング 家庭への支援	児童相談所 地方公共団体の福祉部門（市役所の福祉課等） スクールカウンセラー スクールソーシャルワーカー 少年サポートセンター 少年鑑別所 学校警察連絡協議会
困難課題解決的生徒指導	暴力行為や非行の背景にある発達的・心理的・社会的課題の解決 加害児童生徒の社会性・自律性・自己指導能力等の育成 暴力や非行に対する処遇	児童生徒のカウンセリング 保護者のカウンセリング 家庭への支援 医療機関での治療 警察や児童相談所等への連絡	児童相談所 地方公共団体の福祉部門（市役所の福祉課等） スクールカウンセラー スクールソーシャルワーカー 少年サポートセンター 少年鑑別所 学校警察連絡協議会 警察署

実践に向かって――アンガーマネジメントについて

暴力行為の背景には怒りの感情がありますが，怒りのコントロール方法を学べるプログラムとして**アンガーマネジメント**があります。ここでは，このプログラムのなかで学べることを３つ説明します。

第1に，怒りという感情について理解を深めます。怒りは悪い感情だと見なされがちですが，それは誰もが経験する自然な感情であり，「怒り＝悪い感情」ではありません。また，怒りの感情はシンプルなようで実は複雑であり，怒りの背景には，いらだち，悔しさ，悲しみ，不安，寂しさといったさまざまな感情が隠れています。こうした怒りの感情に気づき，上手に対処することが重要なのだということを学びます。

第2に，怒りが生じるしくみについて学びます。怒りは，「状況（怒りのきっかけとなる出来事）→思考（怒りの引き金となる考え）→感情（怒り）」というしくみで生じます。たとえば，「○○さんが自分にぶつかってきた（状況）→わざとぶつかってきたと考える（思考）→怒る（感情）」という流れがあります。さらに，「人は～すべきである（すべきではない）」「絶対～でなければならない（であってはならない）」といった極端な信念をもっていると，さまざまな状況で怒りが生じやすくなります。たとえば，「人は自分に優しくすべきである」「人は誰かに迷惑をかけてはならない」といった信念をもっていると，ささいなことがきっかけで怒りが生じやすくなります。これらのしくみを学ぶことで，怒りの感情の予防や対処ができやすくなります。

第3に，怒りの対処方法について学びます。アンガーマネジメントでは，「怒り＝悪い感情」と考えて怒りそのものをなくそうとするのではなく，怒りをコントロールする方法を身につけられるようにします。具体的な方法としては，怒りや衝動を静める方法，怒りの表現や行動を変える方法，怒りの引き金となる思考やその根底にある信念を見直す方法などがあります。「人を傷つけない」「自分を傷つけない」「物を壊さない」という3つのルールを守りながら，「アサーション」や「私メッセージ」などを使って上手に自己表現する方法を学んでいきます（篠・長縄，2015）。

（黒田　祐二）

演習問題

暴力行為や非行の指導や対応をどのように進めていけばよいでしょうか。指導や対応の視点（大まかな方向性）を答えよう。

【引用文献】

法務省（2023）. 令和5年版犯罪白書　https://www.moj.go.jp/content/001410095.pdf

警察庁（2023）. 令和4年中における少年の補導及び保護の概況　https://npa.go.jp/bureau/safetylife/syonen/pdf-r4-syonengaikyo.pdf

文部科学省（2001）. 少年の問題行動等に関する調査研究協力者会議報告（概要）　心と行動のネットワーク――心のサインを見逃すな,「情報連携」から「行動連携」へ――　https://www.mext.go.jp/component/a_menu/education/detail/__icsFiles/afieldfile/2016/05/12/1370854_010.pdf

文部科学省（2011）. 暴力行為のない学校づくりについて（報告書）　https://www.mext.go.jp/b_menu/shingi/chousa/shotou/079/houkou/1310369.htm

文部科学省（2023）. 令和4年度児童生徒の問題行動・不登校等生徒指導上の諸課題に関する調査結果について　https://www.mext.go.jp/content/20231004-mxt_jidou01-100002753_1.pdf

文部科学省（2022）. 生徒指導提要　https://www.mext.go.jp/content/20230220-mxt_jidou01-000024699-201-1.pdf

小保方晶子・無藤隆（2006）. 中学生の非行傾向行為の先行要因――1学期と2学期の縦断調査から――　心理学研究, **77**（5）, 424-432.

篠真希・長縄史子（2015）. イラスト版子どものアンガーマネジメント――怒りをコントロールする43のスキル――　合同出版

8 個別の課題を抱える児童生徒への指導3

不登校・中途退学

不登校児童生徒数は近年急速に増加し35万人を超えました。こうした状況を受け「義務教育の段階における普通教育に相当する教育の機会の確保等に関する法律」が公布されるなど，国の不登校児童生徒の支援に対する考え方も近年大きく変化しています。学校復帰や登校のみを目標にするのではなく，個々の不登校児童生徒の状況に応じた支援を行っていくためにはどのような点について理解し，関わることが求められるのか一緒に考えていきましょう。

第1節 不登校の定義と現状

1. 不登校の定義

現在，文部科学省では，「何らかの心理的，情緒的，身体的あるいは社会的要因・背景により，登校しないあるいはしたくてもできない状況にあり，（ただし，病気や経済的理由，新型コロナウイルスの感染回避によるものを除く）」を，**不登校**と定義しています（文部科学省，2023）。「不登校」と呼ばれ始めたのは1990年代になってからで，それまでは**学校ぎらい**や**登校拒否**と呼ばれていました。学校ぎらいや登校拒否といった呼称には，登校できないあるいはしないのは本人の精神的な問題や性格的な問題によるもので，一部の子どもだけに生じるものという考え方が反映されていました。現在では，どの子にも起きうることとしてとらえられており，その考えが現在の不登校の定義に反映されています。

2. 不登校児童生徒数の推移

文部科学省による2022年度の調査（「令和4年度　児童生徒の問題行動・不登校等生徒指導上の諸課題に関する調査結果について」）によると，不登校児童生徒数は小学校，中学校，高等学校を合わせて約 36 万人となり，近年急速に増加しています（図 8-1）。学校種ごとの不登校児童生徒数では中学校がもっとも多く，学年別では小学校 6 年生が約 3 万人であるのに対し中学校 1 年生は 5 万 3,000 人となっており，中学校進学で大きく増加していることがわかります（図 8-2）。中学校進学により，授業内容がより高度なものになることや，他の小学校から来る同級生との人間関係，部活動への参加といった環境の変化に適応していくことが求められます。こうした小学校から中学校への進学に伴う大きな環境の変化は**中 1 ギャップ**と呼ばれ，不登校の 1 つの要因と考えられています。小学校と中学校は学年が上がるとともに不登校児童生徒数が増加する傾向にあります。この増加は，年度の変わり目で再登校する児童生徒がいる一方で，年度をまたいで不登校が継続する児童生徒もおり，そこに新しく不登校となった児童生徒が加わることによって生じています。これらのことから，学校種や学年の変わり目で新しく不登校となる児童生徒を生まない未然防止が大切であることがわかります。

3. 不登校の要因と背景

先述の文部科学省の調査によると，不登校の要因として「無気力・不安」といった本人に係る状況がもっとも多いことが報告されています（表 8-1）。しかし，この調査結果から単純に，「不登校の原因は本人の情緒や性格等の問題で

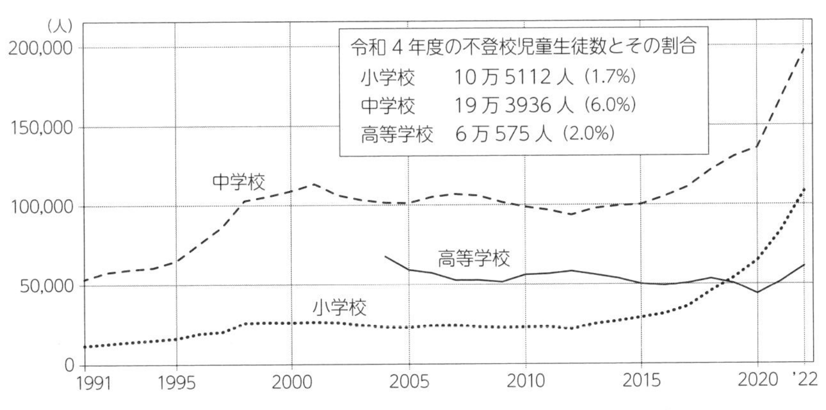

図 8-1　不登校児童生徒数の推移（文部科学省，2023 をもとに作成）

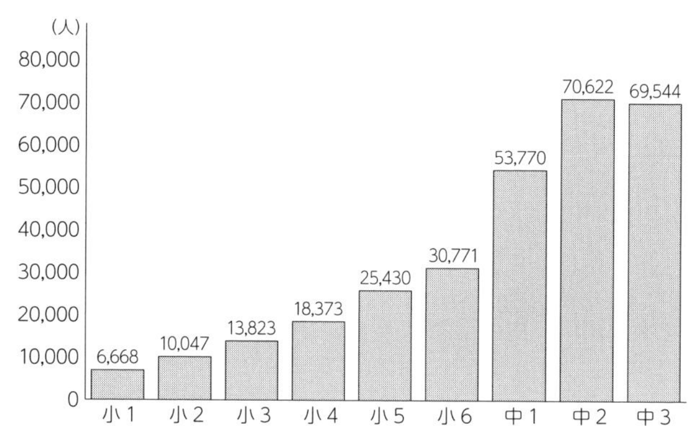

図8-2　学年別不登校児童生徒数（令和4年度）（文部科学省，2023をもとに作成）

あることが多い」と結論づけることには注意が必要です。たとえば，無気力から不登校になったように見えたとしても，その無気力が学業不振や教師や友人との関係の悪化から生じた可能性もあると考えると，必ずしも不登校の原因が無気力とはいえません。このように不登校の原因は特定することが難しい，あるいは複数の要因が影響している場合が多くあり，さらに不登校となった児童生徒本人も何がきっかけで学校に行かなく（行けなく）なったのかわからないという場合も少なくありません。そして何が原因なのか周囲から見てなかなかわからない場合や，さまざまな手を尽くしてもうまく再登校につながらないような場合には，本人（あるいは家族）の問題とされやすくなります。そのように，当事者である本人や家族に原因を求めることは，当事者の自信を失わせ，解決につながりにくくさせてしまいます。そのため，不登校の問題についてはその原因を特定することにあまりこだわり過ぎず将来に目を向けて，今後，本人にとってどのようなサポートが必要かを考えていくことが大切になります。もちろん，不登校の背景にいじめや虐待などが疑われる場合は上記の限りではなく，原因をきちんと把握し，学校として積極的に対応することが求められます。

表 8-1　不登校の要因（文部科学省，2023 をもとに作成）

	不登校児童生徒数	学校に係る状況								家庭に係る状況			本人に係る状況		
		いじめ	いじめを除く友人関係をめぐる問題	教職員との関係をめぐる問題	学業の不振	進路に係る不安	クラブ活動，部活動等への不適応	学校のきまり等をめぐる問題	入学，転編入学，進級時の不適応	家庭の生活環境の急激な変化	親子の関わり方	家庭内の不和	生活リズムの乱れ，あそび，非行	無気力，不安	左記に該当なし
小学校人数（人）	105,112	318	6,912	1,901	3,376	277	30	786	1,914	3,379	12,746	1,599	13,209	53,472	5,193
小学校割合（%）	***	0.3	6.6	1.8	3.2	0.3	0.0	0.7	1.8	3.2	12.1	1.5	12.6	50.9	4.9
中学校人数（人）	193,936	356	20,598	1,706	11,169	1,837	839	1,315	7,389	4,343	9,441	3,232	20,790	101,300	9,621
中学校割合（%）	***	0.2	10.6	0.9	5.8	0.9	0.4	0.7	3.8	2.2	4.9	1.7	10.7	52.2	5.0
高等学校人数（人）	60,575	124	5,576	286	3,416	2,489	492	514	5,070	1,080	1,703	1,093	9,651	24,223	4,858
高等学校割合（%）	***	0.2	9.2	0.5	5.6	4.1	0.8	0.8	8.4	1.8	2.8	1.8	15.9	40.0	8.0

（注 1）上段の数値は「主たる要因」として選択された人数　（注 2）下段は，不登校児童生徒数に対する割合

不登校への対応1――未然防止と課題早期発見対応

1．発達支持的生徒指導による未然防止：基本的な学校生活の重要性

発達支持的生徒指導により，すべての児童生徒にとって学校や学級が安心感，充実感が得られる魅力的な学校，学級をつくることは，結果的に不登校の未然防止につながります。そうした魅力のある学校づくり，学級づくりを行うために，国立教育政策研究所（2012）は，対人関係面での未然防止（集団づくり）と学習面での未然防止（授業づくり）の重要性について述べています。

（1）対人関係面での未然防止（集団づくり）

集団づくりは，**居場所づくりと絆づくり**に分けられます。「居場所づくり」とは，学級や学校をすべての児童生徒が安心して，落ち着いて過ごすことができる場所にすることを指しています。授業中やクラス内での友人関係など，児童生徒一人ひとりの学校生活の様子を丁寧に観察することや，体験活動やレクリエーションなどの人間関係づくりが行える場を提供することを通して，児童生徒が安心感や自己存在感をもって学校生活を送れる場作りを行っていきま

す。また，いじめや暴力行為等に対して毅然とした態度で対応していくことや教師自身が体罰や不適切な言動を行わないよう注意していくことも安全・安心な場作りにとって重要です。

一方，絆づくりは，主体的に取り組む共同的な活動を通して児童生徒みずからが絆を感じとり，紡いでいくことを指しています。国立教育政策研究所(2011)は，こうした絆づくりの例として**異年齢の交流活動**をあげています。そこでは，教師が主導して活動を行わせるのではなく，子どもたちが楽しいと感じられる活動を自分たちで主体的に企画・実施し，かかわり合いの喜びを感じとらせることが大切であると述べられています。

(2) 学習面での未然防止（授業づくり）

学校生活の大半を占める授業がわからないと学校に魅力を感じることができなくなることは容易に想像ができます。どの児童生徒にとってもわかる授業，おもしろい授業となることを教師が意識し工夫することで，子どもたちの学習意欲を高め，学習を通じて充実感や自己存在感を感じられるようになります。そのためには，児童生徒一人ひとりの特性や学習進度，学習到達度等に応じて指導方法・教材や学習時間等の柔軟な提供・設定を行う**指導の個別化**や，児童生徒が自分の興味関心のあるものを選んで学習することができるような学習課題や学習機会を提供する**学習の個性化**を行うなど，個に応じた指導の充実を図ることが求められます。

2. 不登校における課題早期発見対応

第1節でみてきたように，不登校児童生徒数は中学校1年生から大きく増加するのが特徴です。しかし，国立教育政策研究所(2003)の調査によると，中学校1年生で不登校となっている生徒のうち，小学校時にその兆候が認められなかった生徒は2割程度で，約半数の生徒は小学校4年生から6年生までのあいだに不登校相当の欠席（欠席日数に保健室登校と遅刻早退日数（半日分の欠席扱い）を加えて年間30日以上の欠席）を経験していることが報告されています。このように，小学校での学校適応状態が中学校での適応状態にも大きく影響していることから，早期発見対応のためには前学校段階や前学年といったこれまでの欠席状況を把握しておくことが重要となり，そのためには小学校，中学校，高等学校の校種間での情報交換や連携も大切になってきます。

第3節 不登校への対応 2――不登校児童生徒に対する支援

1. 国の不登校児童生徒支援施策（教育機会確保法について）

近年の不登校の状況に対応するため，2016年に，**義務教育の段階における普通教育に相当する教育の機会の確保等に関する法律**（以下，**教育機会確保法**）」が公布されました（表8-2）。また翌年にはこの法律を受けて，教育機会の確保等に関する施策を総合的に推進するために，「**義務教育の段階における普通教育に相当する教育の機会の確保等に関する基本方針**（以下，**基本方針**）」が策定されました。この基本方針では，不登校はどの児童生徒にも起こりうるものとしてとらえ，不登校というだけで「問題行動」として受け取られないように配慮すること，支援に際しては登校という結果のみを目標にするのではなく，児童生徒がみずからの進路を主体的にとらえて社会的に自立することを目指す必要があることなどが述べられています。

2. 不登校における困難課題対応的生徒指導のポイント

不登校児童生徒への支援の施策について，国は「不登校児童生徒への支援に対する基本的考え方」（文部科学省，2019）として以下の4点をあげています。

①支援の視点：不登校児童生徒への支援は，「学校に登校する」という結果のみを目標にするのではなく，児童生徒がみずからの進路を主体的にとらえて，社会的に自立することを目指す必要があること。

②学校教育の意義・役割：児童生徒が不登校となった要因を的確に把握し，学校関係者や家庭，必要に応じて関係機関が情報共有し，組織的・計画的な，個々の児童生徒に応じたきめ細やかな支援策を策定し，社会的自立へ向けて進路の選択肢を広げる支援をすること。また，**教育支援センター**や**不登校特例校**，ICTを活用した学習支援，**フリースクール**，中学校夜間学級等，さまざまな関係機関等を活用し社会的自立への支援を行うこと。

表 8-2　教育機会確保法の基本理念（総則第 3 条）

1	全児童生徒が豊かな学校生活を送り、安心して教育を受けられるよう、学校における環境の確保
2	不登校児童生徒が行う多様な学習活動の実情を踏まえ、個々の状況に応じた必要な支援
3	不登校児童生徒が安心して教育を受けられるよう、学校における環境の整備
4	義務教育の段階の普通教育に相当する教育を十分に受けていない者の意思を尊重しつつ、年齢又は国籍等にかかわりなく、能力に応じた教育機会を確保するとともに、自立的に生きる基礎を培い、豊かな人生を送ることができるよう、教育水準を維持向上
5	国、地方公共団体、民間団体等の密接な連携

③不登校の理由に応じたはたらきかけやかかわりの重要性：不登校児童生徒が，主体的に社会的自立や学校復帰に向かうよう，児童生徒自身を見守りつつ，不登校のきっかけや継続理由に応じて，その環境づくりのために適切な支援やはたらきかけを行う必要があること。

④家庭への支援：保護者と課題意識を共有して一緒に取り組むという信頼関係をつくり，訪問型支援による保護者への支援等，保護者が気軽に相談できる体制を整えること。

以前の不登校児童生徒への支援の考え方では，学校に登校して学ぶことが重視され，教育支援センター等での支援も学校復帰を目標としていました。しかし現在は②に示されているように，教育支援センターやフリースクールで学んだり，ICT 等を使って家庭で学んだりすることも出席と認められるようになり，どこで学ぶかよりも学習の機会や学ぶ権利を保障することの方が大切であるという考えに変わってきています。また，①や③で示されているように，社会的自立に向けて，学び方や進路について児童生徒の自己決定を大切にし，それを支援していくことが求められています。ここでもやはり学校復帰という目の前のことがらにとらわれるのではなく，長期的な視点に立って子どもの考えや意見を尊重しながら支援していくことが大切であることが示されています。人生は学校を卒業した後もずっと続きます。子ども自身が後からふり返って「あの時の経験が役に立っている」と思えるような時期にするためにはどのような支援が必要かを考えながら関わることが求められます。

第4節　実践に向かって――個々に応じた具体的なかかわり方

ここでは第3節で述べた不登校における困難課題対応的生徒指導について，より具体的な対応について述べていきます。

1.「児童生徒理解・支援シート」を活用した計画的・組織的支援

不登校児童生徒への支援を行う際は，学級担任だけで支援を行うのではなく，管理職や学年主任，教育相談担当教員，養護教諭，スクールカウンセラーやスクールソーシャルワーカー等がチームとして組織的に支援を行っていくことが欠かせません。また，医療，福祉等の学外の関係機関との情報共有や連携も必要になってきます。このようにさまざまな関係者・関係機関が協力しながら児童生徒を支援していくためには，児童生徒に関するさまざまな情報を集約し，支援計画や目標等を共有し，共通理解を得ておくことが大切です。このような組織的な支援を行うためのツールとして，文部科学省（2018）は「児童生徒理解・支援シート」を作成・提案しています。「児童生徒理解・支援シート」には，児童生徒本人の基本情報や現在までの登校状況のほか，本人の将来的な希望や進路，希望する支援内容等が記載されます。それらをもとに当該学年での目標や支援内容が決められ，学内外の関係者・関係機関それぞれの支援内容や短期目標等も記載されます。このようにして，関係者それぞれの目標や支援内容を集約・共有することで一貫性のある支援が可能となります。また，シートに支援結果も記載することで，学年や担当者，校種が変わっても継続的な支援を行うことが可能となります。

2. 本人の状況に合わせた柔軟な支援を検討する

不登校状態にある児童生徒に対してどのような支援を行っていくかについては，児童生徒本人や保護者とよく話しあいながら，本人の状態や希望に沿って行うことが大切です。そして教育機会確保法にも示されているように，登校のみにこだわらず，多様な学習活動の状況をふまえて柔軟な支援を行っていくことが必要となります。以下に，学校内外における学びの支援に関する留意点について述べていきます。

学校内における学びの支援

登校する意思はあるけれども教室に入ることが難しい児童生徒の場合，保健室や相談室，図書室などを活用した別室への登校による支援が考えられます。その際，児童生徒が安心して過ごせるように環境整備することが大切です。具体的には，児童生徒を部屋で一人きりにして自習するだけのような状況にせず，常に誰かが一緒にいることができるように教職員を配置し，本人の希望や学習状況に合わせた学習課題等を準備して学習支援を行うことなどがあげられます。また，不登校児童生徒は，登校中や学校内でクラスメイト等に会うことや，教職員に休んでいる理由を尋ねられることなどを不安に感じている場合もあります。そうした児童生徒の不安や懸念について丁寧に確認しながら対応を進めていくことで，安心して登校できるようになります。別室から教室に復帰してクラスメイトとともに学ぶことができるようになるのはもちろん大切なことですが，それを目的とした支援にならないよう注意が必要です。

学校外における学びの支援

学校内での支援が難しい場合には，本人の状況に合った関係機関や学びの場による支援が必要となります。たとえば教育支援センターは，主に長期欠席の小中学生を対象として教育委員会が設置する公的施設で，学習支援や教育相談などが行われています。不登校特例校は，不登校児童生徒を対象として，その実態に配慮した特別の教育課程を編成して教育を実施することができる文部科学省指定の学校です。また，フリースクールは民間団体によって自主的に設置・運営される教育施設です。一定の要件を満たし，適切な支援を実施していると判断される場合，校長は指導要録上出席扱いとすることができます。

ただし，こうした関係機関や学びの場に不登校児童生徒をつなぐ場合，その関係機関等に当該児童生徒への支援や対応をすべて任せきりにするのではなく，適切に連携を行っていくことで当該児童生徒に対して多様な支援を提供し，支援の質を高めていくという視点をもつことが大事になります。

家庭における学びの支援

家庭で多くの時間を過ごす不登校児童生徒の学びの支援では，近年，ICT

を活用した支援に取り組む自治体が増えています。たとえば教室と別室や自宅をオンラインでつないで授業を実施したり，板書やプリント等の教材を配信したりするなど，学級とのつながりを保ちながらの学びの支援や，授業の様子を録画して出席していない授業を自宅学習で補うなど，より不登校児童生徒の学習状況に合わせた支援が可能になります。こうしたICT 等を活用した学習活動を自宅で行った場合，小中学校については一定の要件のもと，指導要録上出席扱いとし，その成果を評価に反映することができるとされています（文部科学省，2019）。

また，家庭における学びを支援していく上では保護者への支援も欠かせません。保護者によっては児童生徒本人以上に登校できないことや将来を心配し，子どもの育て方やかかわり方に悩んでいる場合があります。継続的な家庭訪問等によって保護者の不安や悩みを聴き，必要な場合は情報提供や助言を行いながら支えていくことが児童生徒の支援にもつながります。　（清水　貴裕）

演習問題

(1) 自分の住む地域には，どのような不登校児童生徒を支援する施設や組織があり，どのような活動をしているか調べてみましょう。

(2) ICT を活用した不登校児童生徒への支援を行う際に注意する必要がある点がないか考えてみましょう。

【引用文献】

国立教育政策研究所（2003）．中１不登校生徒調査（中間報告）――不登校の未然防止に取り組むために――　https://www.nier.go.jp/shido/centerhp/futoukou.pdf

国立教育政策研究所（2011）．子どもの社会性が育つ「異年齢の交流活動」――活動実施の考え方から教師用活動案まで――　https://www.nier.go.jp/shido/centerhp/2306sien/2306sien3_2s.pdf

国立教育政策研究所（2012）．生徒指導リーフ「絆づくり」と「居場所づくり」Leaf.2　https://www.nier.go.jp/shido/leaf/leaf02.pdf

文部科学省（2018）．不登校児童生徒，障害のある児童生徒及び日本語指導が必要な外国人児童生徒等に対する支援計画を統合した参考様式の送付について（通知）　https://www.mext.go.jp/a_menu/shotou/seitoshidou/1405493.htm

文部科学省（2019）．不登校児童生徒への支援の在り方について（通知）https://www.mext.go.jp/a_

menu/shotou/seitoshidou/1422155.htm
文部科学省（2023）. 令和４年度　児童生徒の問題行動・不登校等生徒指導上の諸課題に関する調査結果について　https://www.mext.go.jp/content/20231004-mxt_jidou01-100002753_1.pdf
内閣府（2011）. 平成23年版　子ども・若者白書　https://warp.da.ndl.go.jp/info:rdljp/pid/11646119/www8.cao.go.jp/youth/whitepaper/h23honpenpdf/index_pdf.html

＊コラム＊中途退学

中途退学は，校長の許可を受け，または懲戒処分を受けて退学することなどを指します。2022年度の中途退学者数は４万3,401人，中途退学率は1.4％でした（文部科学省，2023）。近年の中途退学者数は減少傾向にあり，中途退学率は１％台で推移しています。内閣府（2011）の調査によると，中途退学をした理由として，「欠席や欠時がたまって進級できそうもなかった」（54.9％），「校則など校風があわなかった」（52.0％），「勉強がわからなかった」（48.6％），「人間関係がうまくいかなかった」（46.3％）が上位にあげられています。このように学校生活への不適応が主な要因となっていることから，中途退学の未然防止は不登校と同様に，安心して学べる居場所づくりやわかる授業づくりなどによって，学校生活のなかで充実感や達成感を感じられる教育活動を行っていくこと，そして中途退学に至る前に生徒の変化に気づく早期発見対応を行うことが大切です。高等学校で中途退学となる生徒のなかにはそれまでの学校段階で不登校や不登校相当の欠席を経験している生徒も少なくないため，中学校までの学校生活や学習状況について把握しておくことが必要になります。たとえば不適応が懸念される生徒に対しては出身中学校と情報共有を行ったり，**キャリア・パスポート**などを活用して当該生徒の学習活動や自己評価について把握し，適切な支援につなげていくことが求められます。

中途退学を希望する生徒に対しては，本人の状況やそのように希望するに至った経緯などについて十分に聴き取った上で，本人の意思を尊重した支援を行っていくことになります。生徒自身が自分の人生を考えた上での進路変更として前向きにとらえて支援することが必要です。一方で，先述した内閣府の調査によると，中途退学後に高等学校卒業資格の必要性や将来への不安を感じている人が多いことが報告されています。そうした点をふまえて，生徒本人や保護者に，就学に関してどのような学校や方法があるかについて情報提供することや，就職の支援，**地域若者サポートステーション**のような施設の紹介などを行うことも生徒の進路選択を支援することにつながります。また，中途退学後に社会的に孤立してしまわないよう，**追指導**を行うことも進路指導の重要な活動のひとつです。

9 個別の課題を抱える児童生徒への指導4

発達障害・心身の健康課題

学校には多様な背景をもつ子どもたちが通ってきます。そのなかには，本章で扱う発達障害や心身の健康課題を抱える子どももいます。また，学校生活のなかでは，これらの背景が生徒指導上の課題につながる場合もあります。そうした際に，教師がそれらの背景について十分に知らなければ，支援が必要な子どもたちに適切なサポートを提供することはできません。

本章では，生徒指導力を向上させるために，発達障害や心身の健康課題とはどのような課題なのか，そして，それらをどのようにとらえるのかについて学び，実践に向けて，教師として何ができるのかを考えていきましょう。

第1節 発達障害とは

発達障害とは生まれつきの脳の機能障害のため，ものの見方や感じ方に偏りが生じ，他者との相互的コミュニケーションが難しくなったり，こだわりや注意の問題，多動，不器用などが生じたりして，その結果，社会的適応に困難をきたすこと（黒田，2018）をいいます。

発達障害は症状によっていくつかの種類に分類されます。**発達障害者支援法**では自閉症，アスペルガー症候群その他の広汎性発達障害，学習障害，注意欠陥多動性障害などの種類があげられています。なお，アメリカ精神医学会（American Psychiatric Association：以下 APA）の診断基準である「精神疾患の分類と診断の手引き」の第５版改訂版（DSM-5-TR；APA, 2022）のなかでは，発達障害は**神経発達症**と呼ばれており，自閉症，アスペルガー症候群その他の広汎性発達障害などを総称して**自閉スペクトラム症**（Autism Spectrum Disorder：以下，ASD），学習障害を**限局性学習症**（Specific Leaning Disorder：以下，SLD），注意欠陥多動性障害を**注意欠如・多動症**（Attention-Deficit/Hyperactivity Disorder：以下，ADHD）と呼んでいます。

本章では，DSM-5-TR での名称を用いながら，発達障害者支援法で取り上げられている発達障害の種類について説明していきます。

1．自閉スペクトラム症（ASD）

ASD は，主に対人的なやりとりに関する持続的な困難さと，限定された反復的な行動様式を特徴としています（APA, 2022）。対人的なやりとりに関する持続的な困難さとは，言葉の発達の遅れや文脈に沿った言葉の理解の困難，視線が合わない，表情が乏しい，他者の視線や表情の理解の困難，対人関係を築くことの難しさなどがあげられます。限定された反復的な行動様式とは，習慣やスケジュールを頑なに守ろうとしたり，特定の興味や関心に固執したり，特定の音や感触に強い不快感を抱いたりすることなどがあげられます。これらの症状を重症から軽症までの連続性（スペクトラム）のなかでとらえるので，自閉「スペクトラム」症と呼ばれています。

ASD をもつ児童生徒が学校生活で抱える困難は，学習面では，教師の指示をうまく理解できない，グループワークがうまくできない（一方的に話し過ぎてしまうなど），自分のルールに固執してしまう，予定の変更にパニックになってしまうことなどが考えられます。また，対人面では，他者の考えや感情がうまく理解できないため，友だちとコミュニケーションがうまく取れず，友だちができなかったり，いじめの被害にあったりすることなどが考えられます。

2．限局性学習症（SLD）

SLD は，視力や聴力やこれまでの教育の質に問題がなく，知能も正常であるにもかかわらず，同年齢の人たちと比べて，読み，書き，計算（算数）の学習が困難であったり，成績が悪かったりすることを特徴とします（APA, 2022）。「限局性」とは，全般的な知能は正常であるのに特定の領域の処理が苦手という点を強調してつけられています。なお，SLD は医学概念であり，その症状は読み，書き，計算（算数）の困難さに限定されていますが，学校現場では「学習障害」という言葉を教育概念として用いており「基本的には全般的な知的発達に遅れはないが，聞く，話す，読む，書く，計算する又は推論する能力のうち特定のものの習得と使用に著しい困難を示す様々な状態を指すもの」とより幅広いものとして用いています（文部科学省，1999）。

SLD をもつ児童生徒が学校生活で抱える困難は主に学習面で現れます。たとえば，文章を読む速度が遅かったり，読み間違いが多かったり，口頭では自分の意見はしっかりと言えても，作文となると書きたい文字を想起できなかったりするといったことが考えられます。また，ほかの領域ではあまり問題がないため，やる気がないなどと誤解され，叱責されることもあるかもしれません。これらの困難が積み重なると学習に対する意欲が低下し，そしてそれが学校生活全般の不適応に広がってしまうこともあります。

3. 注意欠如・多動症（ADHD）

ADHD は，不注意，多動性，衝動性が持続的に存在し，日常生活に支障をきたすことを特徴とします（APA, 2022）。不注意とは，集中することや注意を切り替えることの困難さなどをいいます。そして，多動性とは過剰にそわそわすることや，多弁であることなどを，衝動性とはよく考えずに行動してしまうことなどをいいます。なお，ADHD には，不注意の症状が顕著な不注意優勢型，多動性と衝動性の症状が顕著な多動性・衝動性優勢型，それらの両方が顕著な混合型があり，不注意なだけで多動性や衝動性がないから ADHD ではない，とはならないことに注意が必要です。

ADHD をもつ児童生徒が学校生活で抱える困難は，学習面では，授業に集中ができない，忘れ物が多い，教師の話を聞けない，課題や活動を順序立てて行うことが難しい，離席や私語が多いなどが考えられます。また，対人面では，ケンカの時についい手が出てしまう，ルールや約束を忘れてしまうなどが考えられます。こうした結果，教師の叱責の的になってしまい，自尊感情が低下し，そしてそれが学校生活全般の不適応に広がってしまうこともあります。

4．発達障害の併存と二次障害

文部科学省（2022）の調査では，これらのいずれかの発達障害の可能性のある児童生徒は全国の公立の小・中学校で 8.8%，高等学校で 2.2% の割合でいることが示されました。また，これらの発達障害は併存することがあり，たとえば，SLD と ADHD など複数の障害をもつ子もいることに注意が必要です。

こうした発達障害をもつ子どもは，周囲から叱責やいじめをされやすく，学校生活のなかで成功体験が得にくいため，自尊感情が低下しやすかったり，不安を感じやすかったりします。これらの状態が続くなかで生じる行動面や情緒面での深刻な問題や精神疾患を**二次障害**といい，それも大きな課題となります。

第2節 心身の健康課題とは

心身の健康課題とは，精神疾患などの心の健康課題と身体疾患などの身体の健康に関する健康課題のことをいいます。心身の健康課題は非常に幅広いものですが，ここでは代表的なものだけを取り上げて概説していきます。

1．心の健康課題

心の健康課題とは，主に心の病気である**精神疾患**，あるいは精神疾患のために精神機能の障害が生じ，日常生活や社会参加に困難をきたしている状態である**精神障害**のことを指します。多くの精神疾患は不安，抑うつ気分，不眠などの症状から始まりますが，これらは誰にでもよくある症状でもあります。しかし，これらに対処せずにいると深刻な症状へ発展することもあります。ここでは，とくに知っておく必要のある 4 つの精神疾患についてみていきましょう。

(1) う　つ　病

誰にでも気分が沈みがちな時はあるものです。しかし，それが日常生活に支障をきたすほど強く長く続いている時，**うつ病**であることが疑われます。うつ病の中核的な症状は，悲しみ，空虚感，絶望感といった「抑うつ気分」と，何の活動にも興味ももてないし、楽しくないといった「興味または喜びの喪失」です。子どもの場合にはイライラした気分が続いて怒りっぽくなることが症状として現れることもあります。ほかにも，食欲の増加や低下，不眠や過眠，頭が回転しない，自殺したい気持ちなどの症状もみられます（APA, 2022）。

こうした症状をもつために，友だちとのかかわりが減ったり，何もしない無気力な様子がみられたり，勉強に取り組めず成績が下がったり，不登校になってしまったり，時には自殺につながったりしてしまうこともあります。こうした場合には，医療機関でみてもらうと同時に，しっかりと休養をとることが大切です。一方，うつ状態と非常に気分が高揚するような状態をくり返す場合には，**躁うつ病**（**双極性障害**）と呼び，うつ病とは区別されます。

(2) 統合失調症

統合失調症は特異的な症状をもちます。それらは①妄想（現実ではないことを現実であると思い込み，訂正不能であること），②幻覚（聞こえるはずのない声が聞こえるといった幻聴，見えるはずのないものが見えるといった幻視など），③まとまりのない会話（会話が支離滅裂であるなど）④まとまりのない行動（突然理由もなく興奮するなど），⑤情動表出の減少と意欲低下です（APA, 2022）。

こうした症状をもつために，周囲とのかかわりが減ってしまったり，奇異に思われて遠ざけられてしまったりすることもあります。統合失調症は思春期・青年期に発病することが多く，治療が遅れるほど治りづらくなるため，医療機関への早期受診を勧めることが必要です。

(3) 不 安 症 群

私たちは心身が危険にさらされると，不安や恐怖を感じますが，それ自体は自然な感情です。しかし，その感情が極端なものになったり，非現実的な状況で感じるようになったりすると**不安症**であることが疑われます。不安症にはさまざまな現れ方がありますが（表 9-1），いずれの場合でも不安や恐怖が過剰になり，日常生活への適応が困難になってしまいます。

こうした症状がみられる場合には，医療機関への受診が必要です。不安症の児童生徒への対応としては，不安や恐怖に対して無理に立ち向かわせようとしたり，「心配するな」などの声掛けをしたりせずに，子どものもっている不安や恐怖に寄り添うことが必要です。

表 9-1　さまざまな不安症の種類（高宮，2021 を参考に作成）

	不安	予期不安	場所
分離不安症	アタッチメントをもっている人からの分離	分離，喪失の可能性への心配	アタッチメント対象の不在
限局性不安症	1 つの限定された状況（高所，注射，クモなど）	恐怖の状況に近づく不安	恐怖を与える場所
社交不安症	他者の注視，社交的やりとり，他者の前での動作	社交的パフォーマンスが予想される場	人前
パニック症	突然の激しい恐怖や強烈な不快感	予期せぬ発作の可能性の不安	どこでも生じる
広場恐怖症	2 つ以上の場所についての恐怖・不安（橋，自動車，バスなど）	その状況から逃げられない心配	恐怖を抱いた場所
全般不安症	何にでも過剰に不安	評価，場所，アタッチメントなどに関係なく不安	どこでも生じる
場面（選択性）緘黙	言葉を発することの不安	話さないといけない可能性に対する不安	話すことを期待される場所

（4）摂食障害（摂食症群）

食べ過ぎる，あるいはダイエットすることはよくあることですが，それがいき過ぎてしまうと**摂食障害**の疑いがあります。代表的な摂食障害には，神経性やせ症（いわゆる拒食症）と神経性過食症（いわゆる過食症）があります。神経性やせ症の症状は①著しい低体重，②体重増加に対する強い恐怖，③自分の体重や体型の感じ方の障害（明らかに痩せているのに，「自分は太っている」と認識するなど）などがあります。他方，神経性過食症の症状は①明らかに多量の食べ物を食べる，②食べることを抑制できない感覚がある，③体重の増加を防ぐために代償行為をくり返す（嘔吐や下剤の使用など），④自己評価が体型や体重などによって過度に影響を受けているなどがあります（APA, 2022）。

こうした症状をもつ場合には，医療機関への受診が必要です。摂食障害をもつ児童生徒への対応としては，本人の食べられない，食べることをやめられないつらさにしっかりと寄り添うことが大切です。安易な「もっと食べないと」「痩せないと」という言葉は逆効果です。

2. 身体の健康課題

身体の健康課題は，主に体の病気のことを指します。病気は**急性疾患**と**慢性疾患**に大別されます。急性疾患とは急激に発症し，経過の短い疾患のことで，たとえば，インフルエンザ等の感染症がこれに該当します。一方，慢性疾患とは徐々に発症し，治療や経過も長期にわたる疾患のことをいいます。ここでは，生徒指導上，とくに支援が必要となる慢性疾患についてみていきます。

子どもに多い慢性疾患としては，脳下垂体や甲状腺などのホルモン分泌を行っている臓器に異常が起こる内分泌疾患，慢性心疾患，がんなどの悪性新生物，中枢神経や筋肉の異常による神経筋疾患，慢性腎疾患，糖尿病などがあります。病気の治療はもちろん医療のなかで行われることですが，こうした子どもたちは病気に伴う身体的な苦痛や制限，あるいは心理的な問題をもち，それが生徒指導上の課題につながることがあります。たとえば，病気や治療に対する辛さや不安，治療や薬の副作用による外見の変化を見られることの苦痛，今までできていたことができなくなる辛さ，いじめにあったり偏見をもたれたりすることへの不安と恐怖をもっています。また，病気や外見の変化のためにいじめられたり，からかわれたりすることもあります（竹鼻・朝倉，2018）。

第3節 発達障害・心身の健康課題のとらえ方

これまでみてきたように発達障害や心身の健康課題といった背景によって子どもたちは困難さをもち，その結果，学習や生徒指導上の課題が立ち現れてくることもあります。そして，それらの課題への対応は，子どもたちが抱える困難さをどのようにとらえるかによって変わってきます。

どのように困難さをとらえるのかについては，**医学モデル**（個人モデル）と**社会モデル**という考え方があります（Haegele & Hodge, 2016）。医学モデルでは，その人のもつ困難さは個人の機能障害によってもたらされるととらえます（図9-1）。すなわち，困難さを生み出す要因である障害や心身の健康課題を医学的に治す必要があるとする考え方です。このモデルをもとに対応を考えれば，私たち教員は子どもがもつ障害や心身の健康課題を治療する，あるいは治療する

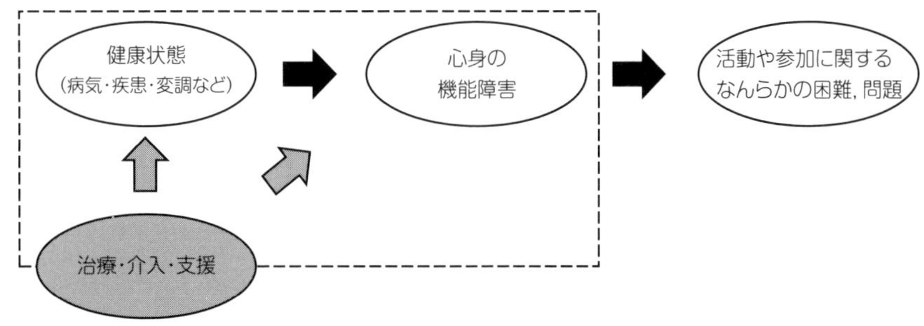

図 9-1　医学モデル（個人モデル）の概念図

手助けをするということになるでしょう。しかし，治療するという行為は医療行為であり，この考え方では教員としてできることはそれほど多くありません。

一方，社会モデルでは，その人のもつ困難さは社会や環境によってもたらされるととらえます（図 9-2）。つまり，障害や心身の健康課題を社会や環境がどのように受け止めるのかによって困難が生まれるのではないか，困難があるのならば社会や環境を変えていく必要があるのではないかととらえる考え方です。このモデルをもとに対応を考えれば，私たちは子どもたちがもつ障害や心身の健康課題を受け入れられるように学校やほかの子どもたちの受け止め方を変えるように指導したり，授業のやり方を変えたりしていく必要があるということになります。日本では 2016 年に**障害者差別解消法**が施行されました。この法律では障害を理由とする不当な差別的取り扱いの禁止と障害者への**合理的配慮**の提供が求められていますが，これは社会モデルの考え方に沿ったものです。

また近年では，WHO の提唱した**国際生活機能分類モデル**（WHO, 2001）にみられるように，これらの両方を統合したモデルも提唱されています（図 9-3）。統合モデルでは，障害・疾患・健康課題は個人と環境の相互作用であるととらえられており，私たち教員には機能障害の治療は難しいかもしれませんが，その子どもの困難さを減らしたり，なくしたりするために，環境に対する合理的配慮としての対応や支援が求められるのです。なお，合理的配慮の提供とは，障害や心身の健康課題をもつ子どもやその保護者から社会的障壁（その子の困難

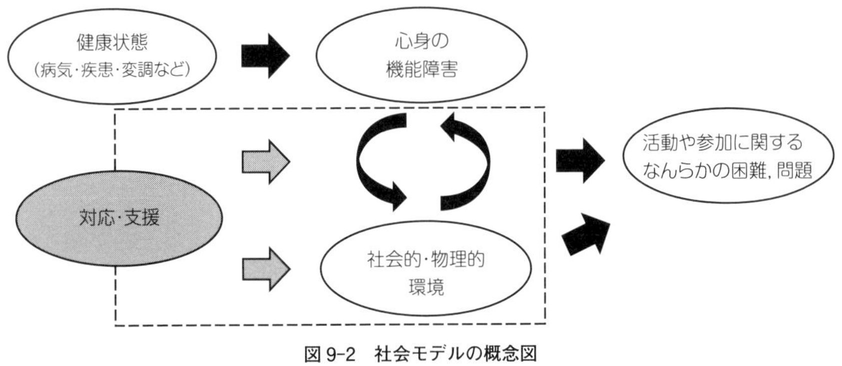

健康状態
（病気・疾患・変調など）
心身の
機能障害
活動や参加に関する
なんらかの困難，問題
対応・支援
社会的・物理的
環境
図 9-2　社会モデルの概念図

健康状態
（病気・疾患・変調など）
心身の
機能障害
活動や参加に関する
何らかの困難，問題
社会的・物理的
環境
治療・介入・
対応・支援
図 9-3　統合モデルの概念図

さを生み出している環境）の除去を必要としている旨の意思の表明があった場合，その実施に伴う負担が過重でない時は，障害や心身の健康課題をもつ子どもの権利利益を侵害することにならないよう，社会的障壁の除去の実施について必要かつ合理的な配慮に努めなければならないということです。

このように，どのように困難さをとらえるのかを考えることによって，私たち教員に何ができるのかが変わってきます。教員は心や体の機能障害を治療する専門家ではありませんが，それを受け止める教育環境を整えることによって子どもたちがもつ困難さを減らしたり，なくしたりすることができるのです。

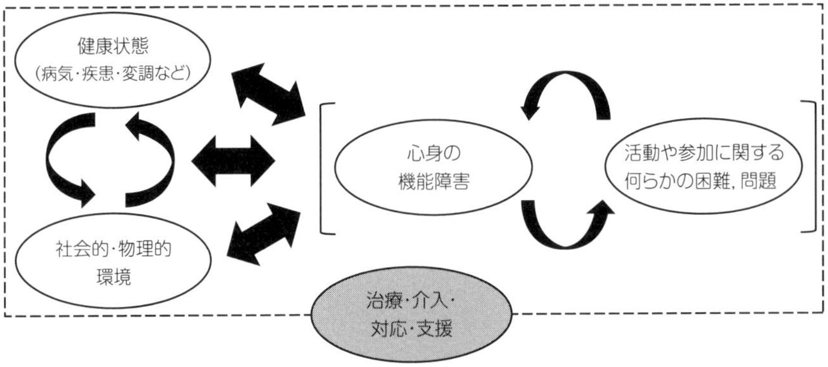

第4節 実践に向かって——学校で教師ができること

ここでは，第２章で学んだ４層支援構造に沿って，障害や心身の健康課題をもつ子どもたちへの対応をみていきたいと思います。

1. 発達障害や心身の健康課題に関連する発達支持的生徒指導

発達障害や心身の健康課題を抱える児童生徒がもつ症状やかれらが経験するつまずきは，心身の発達途上にある児童期・思春期において，多かれ少なかれ誰もが経験するものです。そこで，すべての児童生徒を対象とした発達支持的生徒指導が重要になります。発達障害や心身の健康課題に関連する発達支持的生徒指導として，人権教育などのなかで多様性の理解を深めていくことが大切です。また，お互いを認めあい支えあえる学級集団を育成することも重要です。

2. 発達障害や心身の健康課題への課題予防的生徒指導

課題未然防止教育としては，心身の健康課題について保健の授業で健康課題の知識や課題への対応を教えたりすることが考えられます。また，発達障害や心身の健康課題についても，課題早期発見対応が重要であることは言うまでもありません。日々行う子どもたちの観察のなかで，コミュニケーションが一方的だな，書字が苦手そうだな，忘れ物が多いな，顔色が悪いな，などさまざまなサインを受け取るはずです。そうしたサインが重なっていくなかで，どうしたのかな，とアセスメントを進めていくことが早期発見につながるはずです。

こうした活動は法律のなかでも定められています。たとえば，**学校保健安全法**第９条に規定される**健康観察**や，同法第８条に規定される**健康相談**がそれにあたります。健康観察は，学校のあらゆる場面（朝や帰りの会や授業中，部活動中など）で，表情や声，顔色などを観察したり，遅刻や欠席の理由，体調や対人関係，学習状況や精神状態などを確認したりすることです（文部科学省，2009）。また，単に観察でとどまるのではなく，その結果，何かあるかな，と思った際には早期対応として，健康相談を行う必要があります。もちろん，教員はすべての疾患や障害を知っているとは限りませんので，養護教諭や学校医，医療機関などと連携して行うことが大切ですが，それらの人に任せっきりにするのではなく，学級担任にも積極的な参画が求められています（日本学校保健会，2022）。また，このほかにも保健調査や健康診断の結果なども参照しつつ，子どもたちの様子に目を配ることや，障害や心身の健康課題をもつ子どもたちがもつ不安や悩みをいつでも相談できる人や場所を校内に確保することも重要です。

3. 発達障害や心身の健康課題をもつ子どもへの困難課題対応的生徒指導

発達障害については医療機関や教育相談機関で心理検査などを行って，心身の健康課題については医療機関や保護者からの情報を集めて，アセスメントを深め，それらのアセスメントに基づいた支援をしていくことが必要になります。いずれにせよ，表面的な行動や症状だけに注目するのではなく，それがどうして子どもの困難さを生み出してしまっているのか，という視点をもつことが大切です。学校のなかでは，心身の機能異常そのものの治療はできなくとも，その子の状況に応じて環境を調整するなどの合理的配慮を行うことやまわりの子どもの受け止め方について指導したり，二次障害を防ぐための支援を行ったりすることは考えなければいけないことです。

合理的な配慮の具体例として，支援員などの確保，ICT 教材の活用，個別の教育支援計画や個別の指導計画に対応した柔軟な教育課程の編成，施設・設備の整備などがあげられています（文部科学省，2015）。これらの実践事例はインクルーシブ教育システム構築支援データベース（https://inclusive.nise.go.jp/）で紹介されています。こうした取組は，発達障害や心身の健康課題をもつ子どもたちだけでなく，すべての子どもたちにとって発達を支えるための教育環境にもなりえます。こうしたすべての人に不自由を強いることのない利用可能な環境，援助サービスのデザインのことを**ユニバーサル・デザイン**といい，これを意識した授業づくり，学校環境づくりを進めていくことが求められます。

そして，発達障害や心身の健康課題をもつ子どもへの支援は，1人の先生が行うものではなくチームで行います。発達障害であれば特別支援教育コーディネーターとの，心身の健康課題であれば養護教諭との連携がまずはそれぞれ重要になります。また，生徒指導主事や教育相談コーディネーター，スクールカウンセラー，スクールソーシャルワーカー，学校医，市町村教育委員会や教育研究所，療育機関や医療機関との連携も重要です。

4. ま と め

発達障害や心身の健康課題は専門性が高い課題でもあり，どうしたらよいかわからないということもあるかもしれません。その際には，学校内外の専門家に相談してみましょう。各種関係機関との連携を行い，学校でできることをしっかりと行っていくことが大切なのです。

（村上　達也）

＊コラム＊支援を要する家庭状況をもつ子どもたち

本章では，多様な背景をもつ子どもとして発達障害や心身の健康課題をもつ子どもについて取り上げましたが，ほかにも多様な背景をもつ子どもはいます。たとえば，家庭で虐待を受けている子どもや経済的困難を抱えている子どもたちなどです。また，近年では**ヤングケアラー**といって，本来おとなが担うと想定されている家事や家族の世話などを日常的に行っている子どもの存在も大きく取り上げられるようになりました。こうした背景によって学業や友人関係に課題を抱えやすく，いじめや不登校などの生徒指導上の課題につながる可能性もあります。学校の教員はなかなか家庭の問題に立ち入ることは難しいですが，たとえば学校内でそうした子どもたちの心身のケアを行うために相談を受けたり，あるいは，その子の置かれた状況を改善したりするために，スクールカウンセラーやスクールソーシャルワーカー，市町村の社会福祉課や児童相談所との連携をしたりして，子どもたちを支援していく必要があります。

演習問題

本章では合理的配慮の提供について説明をしました。また，合理的配慮の提供の実践事例の紹介として，インクルーシブ教育システム構築支援データベース（https://inclusive.nise.go.jp/）を紹介しました。それでは，ADHDの症状をもつ児童生徒に対して，どのような合理的配慮の提供ができるのかを考えた上で，どのような実践事例があるのかを調べてみましょう。

【引用文献】

American Psychiatric Association (2022). *Diagnostic and statistical manual of mental disorders* (5thed.) text revision (DSM-5-TR). Arlington, VA., American Psychiatric Publishing.（髙橋三郎・大野裕（監訳）染矢俊幸・神庭重信・尾崎紀夫・三村將・村井俊哉・中尾智博（訳）(2023). DSM-5-TR 精神疾患の診断・統計マニュアル　新訂版　医学書院）

Haegele, J. A., & Hodge, S. (2016). Disability discourse: Overview and critiques of the medical and social models. Quest, **68** (2), 193-206.

黒田美保（2018）. 公認心理師のための発達障害入門　金子書房

文部科学省（1999）. 学習障害児に対する指導について（報告）

文部科学省（2009）. 教職員のための子どもの健康観察の方法と問題への対応　少年写真新聞社

文部科学省（2015）. 文部科学省所管事業分野における障害を理由とする差別の解消の推進に関する対応指針の策定について（通知）

文部科学省（2022）. 通常の学級に在籍する特別な教育的支援を必要とする児童生徒に関する調査結果について

日本学校保健会（2022）. 教職員のための子供の健康相談及び保健指導の手引――令和３年度改訂――　日本学校保健会

竹鼻ゆかり・朝倉隆司（2018）. 病気と共に生きる子どもの成長発達のプロセス――当事者の語りの分析から――　学校保健研究, **60** (2), 76-90.

高宮靜男（2021）. 学校で知っておきたい精神医学ハンドブック――養護教論，スクールカウンセラー，一般教論，スクールソーシャルワーカーのための心身医学，精神医学――　星和書店

World Health Organization (2001). *International Classification of Functioning, Disability and Health. Geneva.* World Health Organization.（世界保健機関（2002）. 国際生活機能分類（ICF）――国際障害分類改定版――　中央法規出版）

10 生徒指導に関する法制度

生徒指導に関係する法令には どのようなものがあるだろうか？

生徒指導において重要なことは何でしょうか。児童生徒や保護者との信頼関係を基盤に，愛情や情熱をもって子どもを指導・支援すること。このようなことを思い浮かべた人も多いと思います。それでは，生徒指導において重要なことは法令理解であると言われると，みなさんはどのような生徒指導を想像しますか。法令に従って厳格に指導・支援していくような人間味の欠けた生徒指導といったものを想像する人も多いのではないでしょうか。

本章では，現在の学校教育に生じつつある変化を背景に，生徒指導における法令理解の意義について考えていきたいと思います。あわせて，生徒指導上の個別課題における指導上の留意点についても法令の観点から解説します。

第1節 「学校教育の法化現象」と生徒指導

1. 情緒的関係性と法的関係性の狭間で

「一昔前と比べて，生徒指導の場面で私の言葉が子どもに届きにくくなっているように思います」。これは生徒指導に長年携わってきたベテランの先生がある研究会でポツリとこぼした言葉です。

みなさんはこの言葉をどのように理解しますか。なるほどたしかにインターネットの普及や規範意識の低下等，この数十年のあいだに子どもを取り巻く環境は大きく変化したといわれています。しかし私は，自分の言葉が子どもに届きにくくなったと教師が感じる要因は子どもの側にではなく学校教育の側に，より正確にいうならば，学校現場と社会とのあいだに存在する教育という営みをめぐる認識のズレにあると考えています。

学校教員とりわけ生徒指導担当教員の多くは，児童生徒や保護者との信頼関係を基盤に，愛情や情熱をもって子どもと関わることが何よりも重要であると考えています。つまり，学校現場には教育という営みを愛や情熱，信頼といった情緒的関係性からとらえる傾向が存在しています。

他方で，1989年国連での児童の権利に関する条約採択を契機に，子どもを保護の対象ではなく，権利の主体として位置づけるとらえ方が社会に広まりました。また，価値観の多様化を背景に，学校の指導に1つの妥当解を見出すという発想は弱まり，2006年の改正教育基本法で新設された条文「父母その他の保護者は，子の教育について第一義的責任を有する」（第10条）に示されるような個々の保護者の価値観を優先すべきという権利主張がなされるようにもなってきました。その結果，「**学校教育の法化現象**」（坂田，2015）とでも呼ぶべき事態，すなわち教育という営みを自由や権利，義務といった法的関係性からとらえようとする考え方が社会のなかに浸透することになりました。

かたや教育実践を情緒的関係性からとらえようとする学校現場。かたや教育実践を法的関係性からとらえようとする社会。冒頭で示したベテランの先生の言葉は，進展する学校教育の法化現象を前に，今なお情緒的関係性を重視する学校現場の戸惑いとして解釈できるのではないでしょうか。

2. 生徒指導における法令理解の意義

生徒指導提要（2022年版）によれば，「生徒指導とは，児童生徒が，社会の中で自分らしく生きることができる存在へと，自発的・主体的に成長や発達する過程を支える教育活動のことである」（p.12）と定義されています。そこには声かけや注意喚起といった日々の教育実践のなかで行われるものから，停学や退学といった子どもの学校生活を左右することがらまで大小さまざまなものが含まれています。それでは生徒指導において法令理解の意義はどこにあるのでしょうか。

まず，教育という営みを情緒的関係性からとらえる立場からみると，法令理解の意義は行き過ぎた生徒指導の歯止めにあるといえるでしょう。生徒指導は子ども・保護者との信頼関係を基盤に愛情や情熱をもって行わなければならないという考えは，「子どものため」という大義名分のもと，時にはコンプライアンス上疑義のある行為さえも正当化してしまいます。「愛の鞭」という名の

表 10-1　生徒指導上の個別課題と主な関連法規

個別課題	関連法規	
	法律名	個別課題と関連する記載内容
いじめ	いじめ防止対策推進法	いじめへの基本的な施策について記載
非行	少年法	非行少年に対する矯正・保護処分，少年の刑事事件について記載
	児童福祉法	非行等の問題行動を起こした要保護児童への対応について記載
	少年警察活動規則	警察や少年補導センター等が補導対象とする不良行為について記載
	二十歳未満ノ者ノ喫煙ノ禁止ニ関スル法律，二十歳未満ノ者ノ飲酒ノ禁止ニ関スル法律	20 歳未満の者の喫煙・飲酒の禁止，喫煙・飲酒に関わる親権者や販売者に対する処罰について記載
	覚醒剤取締法，麻薬及び向精神薬取締法	薬物の不正使用禁止について記載
	アルコール健康障害対策基本法	学校等でのアルコール関連問題に関する知識普及について記載
児童虐待	児童福祉法	児童虐待を受けた要保護児童に対する基本的な対応について記載
	児童虐待の防止等に関する法律	児童虐待への対応について記載
自殺	自殺対策基本法	自殺対策について記載
中途退学	学校教育法施行規則	懲戒処分としての退学について記載
不登校	教育機会確保法	義務教育段階の教育機会確保に関する施策について記載
インターネット・携帯電話に関わる問題	青少年インターネット環境整備法	子どもがインターネットを利用する際に留意すべき事項について記載
	出会い系サイト規制法	インターネット異性紹介事業の利用に起因する児童買春等から子どもを守るための施策について記載
	プロバイダ責任制限法	ウェブページで権利侵害があった場合，発信者情報の開示を請求する権利等について記載
	児童買春・児童ポルノ禁止法	18 歳未満の者の裸等を携帯電話等で撮影する行為は「児童ポルノの製造」に当たる等について記載
性に関する課題	性同一性障害者の性別の取扱いの特例に関する法律	性同一性障害者が被る社会的不利益を解消するための施策について記載
多様な背景を持つ児童生徒への生徒指導	障害者差別解消法	障害を理由とする「不当な差別的な取扱い」の禁止と障害者への「合理的配慮の提供」について記載
	発達障害者支援法	発達障害に関わる支援・施策について記載
	学校保健安全法	学校における保健管理について記載
	児童福祉法	支援を要する家庭に対する行政の介入について記載
	子どもの貧困対策の推進に関する法律	子どもの貧困対策について記載
	母子及び父子並びに寡婦福祉法	ひとり親家庭への支援について記載
	精神保健及び精神障害者福祉に関する法律	保護者の精神疾患の程度が重い場合に，保護者にできる手だてについて記載

もとで，不適切な指導が行われてきた事例はみなさんも知るところでしょう。こうした行き過ぎた生徒指導にブレーキをかけるのが法的視点となります。

しかし，法的視点は教育実践を制約するだけではありません。教育という営みを法的関係性からとらえる立場からみると，法令理解の意義はあらたな生徒指導の創造にあるといえるからです。子どもの自由や権利という視点から生徒指導のあり方を考えることは，子どもをどうするのかではなく，子どもがどうしたいのかという視点から生徒指導を考えることと同じなのです。生徒指導が子どもの自主的・主体的な成長や発達を支える教育活動であるならば，法的視点とはその実践を構想するための足場にほかならないといえるでしょう。

以上，生徒指導における法令理解の意義には行き過ぎた生徒指導の歯止めという消極的意義と，あらたな生徒指導の創造という積極的意義の 2 つがあることをみてきました。したがって，生徒指導に携わる教員は法令遵守（コンプライアンス）という観点からだけでなく，生徒指導の実践を構想するという観点からも関係法令を学んでいく必要があるといえるのです。

第 2 節　児童の権利に関する条約を活用した生徒指導

1. 児童の権利に関する条約と生徒指導

日本において学校教育の法化現象が始まるきっかけとなったのは 1989 年に国連で採択された**児童の権利に関する条約**です。本条約の最大の特徴は，子どもをもっぱら保護の対象ととらえるそれまでの見方から脱却し，子どもが権利をもつ主体であると位置づけていることにあります。その基本的な考え方は 4 つの原則で表されます（表 10-2 参照）。これら 4 つの原則は，2023 年 4 月に施行された**こども基本法**の基本理念にも組み入れられています。

日本で 1994 年に本条約が批准されてから 30 年がたちました。ところが，学校現場では子どもの権利という視点がまだまだ浸透しておらず，いまだに子どもを保護の対象ととらえる見方が根強く残っています。しかし，生徒指導上の個別課題であるいじめや児童虐待・自殺といった問題を，子どもの命を守るという視点ではなく，子どもの「生命，生存，発達に対する権利」を守るという

表 10-2 児童の権利に関する条約における 4 原則

4 つの原則	内容	関連条文
差別の禁止	すべての子どもはいかなる理由においても差別されず，本条約の定めるすべての権利が保障されること。	第 2 条
子どもの最善の利益	子どもに関することが決められ，実行される時は，「その子どもにとってもっともよいことは何か」が第一に考えられること。	第 3 条
生命，生存，発達に対する権利	すべての子どもの命が守られ，みずからの能力を十分に伸ばして成長できるよう，医療，教育，生活への支援などを受けることが保障されること。	第 6 条
意見を表明する権利とその尊重	子どもは自由に自分の意見を表明する権利をもっており，その意見はその子どもの発達に応じて考慮されるべきものであること。	第 12 条

視点からとらえることで，子どもみずからが自己指導能力を磨いていく機会として生徒指導の実践を構想することが可能になります。また，生徒指導を行う上で「意見を表明する権利とその尊重」という視点も重要です。子どもの意見を形式的に聞き取るのではなく，生徒指導の実践に組み込んでいくことで，子ども一人ひとりがより当事者性をもってそれぞれの課題に向きあうことが可能になります。つまり，児童の権利に関する条約を活用した生徒指導とは，学校教育の法化現象という事態に対応することだけでなく，子どもが主体的に諸課題と向きあう実践へと生徒指導のあり方を転換することをも促していくのです。

2. 児童福祉と児童の権利に関する条約を活用した生徒指導

児童の権利に関する条約を活用した生徒指導を構想する上で，児童福祉領域の法令を理解することも重要です。とりわけ，児童福祉の基幹的な役割を果たす**児童福祉法**が，2016 年，児童の権利に関する条約の精神に則り児童福祉の理念を再定義したことは全教員が知っておくべきことがらであるといえます。

それまでの児童福祉法は，子どもを保護の対象ととらえ，国民・社会がそうした子どもの健やかな育ちを保障しなければならないという理念のもとにありました。しかし 2016 年の改正により，「児童の権利に関する条約の精神にのっとり」，すべての子どもがみずからの健やかな育ちのための福祉を受ける権利を有しているとし，福祉を子どもの権利として位置づけ直しました（第1条）。そして，すべての国民に子どもの意見を尊重し，その最善の利益を優先して考慮しつつ，子どもの権利としての福祉を保障するよう求めています（第2条）。

児童福祉領域の法令理解は，生徒指導上の個別課題における法令遵守という観点からだけでなく，健やかな育ちのために子どもがもつ権利という視点から生徒指導の実践を構想していく上でも重要な意味をもっているといえます。

3. 少年司法と児童の権利に関する条約を活用した生徒指導

児童の権利に関する条約の精神に則り，児童福祉領域は今再構築されつつあります。他方，ともに子どもに関わる領域でありながら事情がまったく逆の領域もあります。少年司法という領域です。2000年以降の度重なる**少年法**の改正は重罰化と刑事司法化として特徴づけることができ，それが児童の権利に関する条約の精神に反するものであることがくり返し指摘されてきました。

少年法の対象となる「**非行少年**」は，性別を問わず20歳未満の者を対象に，**犯罪少年**，**触法少年**，**ぐ犯少年**の3つに区分されます（表10-3参照）。また，少年法上の非行少年には該当しないものの，警察等が補導の対象とする不

表10-3　非行少年と不良行為少年の定義

<table>
<tr><th colspan="2">区分</th><th>定義</th><th>関連法令</th></tr>
<tr><td rowspan="3">非行少年</td><td>犯罪少年</td><td>14歳以上20歳未満の犯罪を行った少年</td><td rowspan="3">少年法</td></tr>
<tr><td>触法少年</td><td>14歳未満で刑罰法令に触れる行為をした少年
※「14歳に満たない者の行為は，罰しない」（刑法第41条）と定められているため，犯罪少年と同じ行為でも区分が異なる</td></tr>
<tr><td>ぐ犯少年</td><td>保護者の正当な監督に服しないなどの事由が認められ，今後犯罪少年や触法少年になるおそれのある18歳未満の少年
※18歳以上20歳未満の者は「特定少年」とされ，ぐ犯による保護処分の対象から除外される</td></tr>
<tr><td colspan="2">不良行為少年</td><td>非行少年には該当しないが，飲酒，喫煙，深夜はいかいその他自己または他人の徳性を害する行為をしている少年</td><td>飲酒：未成年者飲酒禁止法
喫煙：未成年者喫煙防止法
深夜はいかい：青少年保護育成条例</td></tr>
</table>

良行為少年という区分も**少年警察活動規則**により定められています。

生徒指導を行う上で，これらの区分を覚えておくことは重要です。たとえば，飲酒や喫煙，深夜はいかいといった学校現場からすれば非行と考えられる行為も，少年法上では非行に該当しないため，不良行為少年は家庭裁判所では扱われません。他方，いじめや校内暴力等が犯罪行為や触法行為といった少年法上の非行に該当することも考えられ，その場合は家庭裁判所で扱われることになります。警察や児童相談所，家庭裁判所等の関係機関は根拠となる法令に従って対応するため，生徒指導上の非行が法令上どの非行に該当するのかを判断する知識は関係機関と円滑に連携していくためには必須の知識といえます。

少年法上の少年事件は一般的に図 10-1 のような流れとなります。少年事件は，嫌疑なしなどと判断される場合を除き，すべての事件が家庭裁判所に送致されます（**全件送致**）。成人事件では起訴猶予処分として起訴されないこともありますが，少年の処遇に関わる判断は専門機関である家庭裁判所に委ねるべきであるという観点から少年事件は全件送致されます。

家庭裁判所では送致されてきた少年事件に対して，調査官が少年の**要保護性**（再非行の可能性，矯正可能性，保護相当性の３観点から構成される）に関する調査を行い，調査官が作成する少年調査票等をもとに裁判官が**保護処分**や検察官送致（**逆送**）の決定をします。保護処分には，①社会内で保護観察官や保護司の指導を受ける保護観察，②児童自立支援施設または児童養護施設送致，③少年院に収容する少年院送致の３種類があります。また，保護処分ではなく刑罰を科すべきであると家庭裁判所が判断した場合には逆送の決定がなされ，少年はその後，原則として検察官により刑事裁判所に起訴され，懲役刑や罰金刑などの刑罰が科されることになります。

家庭裁判所送致後から審判が下されるまでの期間に学校側がどのような対応をとるのかは，少年の処遇を決定する上で非常に重要な時期となります。たとえば，学校が少年の復学に消極的であったり退学処分を下したりすると，再び非行に陥る危険性があると判断され，少年の処遇を決定する上でマイナス材料になります。逆に，教員が学校側に退学等の処分を軽減するよう掛けあうことなどは，少年の処遇を決定する上でプラス材料となることもあります。

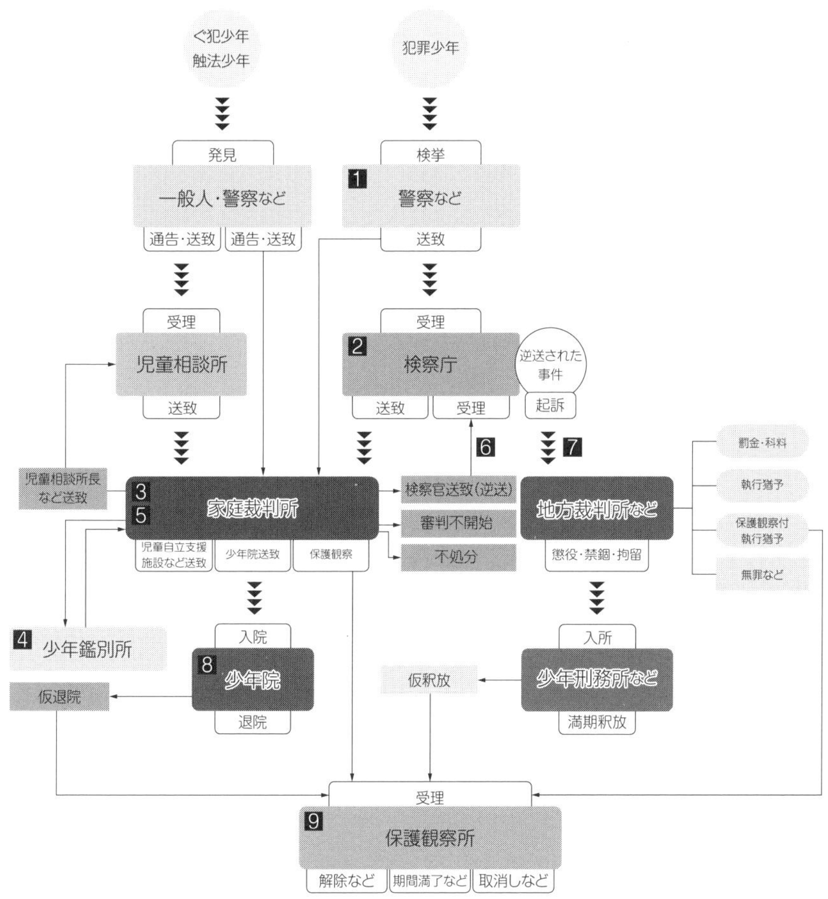

図 10-1　非行少年に関する手続きの流れ（出典：法務省，2022 をもとに作成）

少年司法の領域が今後も重罰化と刑事司法化の道を歩み続けるならば，ますます児童の権利に関する条約の精神と解離していくことになるでしょう。そのなかにあって，児童の権利に関する条約を活用した生徒指導が果たす役割は大きいといえます。また，少年司法の法令を理解することは，生徒指導上の個別課題における法令遵守という観点からだけでなく，非行からの更生過程を子どもの健やかな育ちにつなげていく上でも重要な意味をもっているのです。

第3節　法令の観点からみた生徒指導上の留意点

以下では，法令理解がとくに重要となる生徒指導上の個別課題を取り上げ，それぞれの指導上の留意点について法令の観点から解説していきます。

1. 校則はなぜあるのか？

生徒指導提要（2022年版）には，「児童生徒が遵守すべき学習上，生活上の規律として定められる**校則**は，･･･ 各学校が ･･･ 教育目標を実現していく過程において，･･･ 最終的には校長により制定されるものです」（p.101）と記されています。しかし，校則制定に関する根拠法令はありません。つまり，法的理由ではなく，教育目標を実現するためという教育的理由から校則が制定されていることを校則指導においてはまず自覚する必要があります。

厳しすぎる校則をめぐっては，これまで数々の訴訟が起こされてきました。しかし，裁判所は「**部分社会の法理**」（一般市民社会とは別の自律的法規範をもつ特殊な部分社会の内部紛争については司法審査の対象外とすること）を根拠に，校則の合理性を否定したことはありません。したがって，現時点では「〈**ブラック校則**〉の一例としてあげられる下着や肌着の色を指定する校則を不合理だと裁判所に認定させることは非常に難しい」（大島，2021）といわれています。

だからといって，教育目標を実現するためにどんなことでも校則で規制してよいというわけでもありません。「学校教育の法化現象」をふまえ，校則が社会通念上合理的と認められる範囲にあるか，絶えずその検証・見直しをしていくことが求められます。また，児童の権利に関する条約の精神に則り，校則の検証・見直しに児童生徒が実質的に参画していくことも重要となります。

校則指導は児童生徒を管理するためではなく，教育目標の実現，ひいては児童生徒の能力や自主性を伸ばすために行われなくてはなりません。そのためにも，校則の運用・見直しにあたっては，つねに児童の権利に関する条約の精神に立ち返るよう心がける必要があります。

2. 認められる懲戒と認められない体罰の不明瞭な境界

学校教育法第11条には,「校長及び教員は,教育上必要があると認めるときは,文部科学大臣の定めるところにより,児童,生徒及び学生に**懲戒**を加えることができる。ただし,**体罰**を加えることはできない」と書かれています。ここには,①児童生徒を叱責したり処罰したりする懲戒権が教師には認められていること,②体罰は禁止されていることの2点が端的に書かれています。

これほど明確に体罰が禁止されているにもかかわらず,なぜ学校から体罰がなくならないのでしょうか。そこには2つの理由があると考えられます。

1つは,「愛の鞭」という言葉に代表されるように,教育においては許される体罰も存在するという考えが社会のなかに根強く残っているという事実です。しかし,学校教育法第11条には許される体罰があるなどと書かれていませんし,そう解釈できる余地さえ残っていません。学校教育には許される体罰など存在しないという当たり前の前提をあらためて全教員が共有する必要があります。

そしてもう1つの理由は,懲戒と体罰の境界が不明瞭だということです。体罰は,たとえば2013年の「**体罰の禁止及び児童生徒理解に基づく指導の徹底について(通知)**」において,比較的明瞭に定義されています。それは,直接的か間接的かを問わず,児童生徒に懲戒として肉体的苦痛を与える行為はすべて体罰であるということです。すなわち,①殴る・蹴るといった身体に対する侵害を内容とするものだけでなく,②正座や直立など特定の姿勢を長時間にわたって保持させるといった肉体的苦痛を与えるものも体罰になるのです。

他方,懲戒がどこまで認められるかについては一概にいえません。同通知では「教員等が児童生徒に対して行った懲戒行為が体罰に当たるかどうかは,当該児童生徒の年齢,健康,心身の発達状況,当該行為が行われた場所的及び時間的環境,懲戒の態様等の諸条件を総合的に考え,個々の事案ごとに判断する必要がある」と述べられるにとどまっています。また,児童生徒に肉体的苦痛を与える体罰だけでなく,いたずらに注意や叱責をくり返すといった精神的苦痛を与える行為も「**不適切な指導**」として教員に許されてはいません(「**池田町における自殺事案を踏まえた生徒指導上の留意事項について(通知)**」)。

したがって，教員が懲戒を加える際は，「学校教育法第 11 条に規定する児童生徒の懲戒・体罰等に関する参考事例」や生徒指導提要に掲載された「不適切な指導と考えられ得る例」（p.105）を参考に，みずからの判断においてどこまでが認められる懲戒であるのかをそのつど見きわめていくことが重要となります。また，個別指導・全体指導を問わず，指導後には児童生徒の心身の状況を観察するなど，適切なフォローを行うことも大切となります。

3.「停学」と「出席停止」の違い

ところで，児童生徒に加えることのできる懲戒には，前項で述べたような校長や教員が日常的な教育活動に伴って加えることのできる「**事実行為としての懲戒**」のほかに，校長のみが加えることのできる「**処分としての懲戒**」というものがあります。処分としての懲戒については**学校教育法施行規則第 26 条**に定められており，**退学**，**停学**，**訓告**の 3 つに分類されます（表 10-4 参照）。

処分としての懲戒のうち，退学と停学については児童生徒としての法的地位に影響を及ぼすものであることから「**法的効果を伴う懲戒**」と呼ばれ，とくに慎重な配慮が求められています。

たとえば，義務教育を保障するという観点から，義務教育段階の公立学校に在籍する児童生徒には退学が適用されません。他方，義務教育段階であっても国立や私立の小・中学校に在籍する児童生徒には退学が適用されます。というのも，それらの児童生徒には公立の小・中学校での就学が保障されているためです。また，同じ義務教育の保障という観点から，停学については国公私立を問わず義務教育段階の諸学校では認められていません。

表 10-4　退学・停学・訓告・出席停止の適用範囲

	小学校・中学校		高等学校	意味
	公立	国立・私立		
退学	×	○	○	本人への懲戒
停学	×	×	○	
訓告	○	○	○	
出席停止	○	○	○	まわりの児童生徒の教育を受ける権利の保障

ここで注意しなければならないのは，停学と類似した**出席停止**の適用についてです。出席停止も停学と同様，一定期間，学校への登校を禁止するものです。しかし，出席停止については義務教育段階の諸学校でも認められています。その理由は，出席停止が当該児童生徒への懲戒としてではなく，まわりの児童生徒の教育を受ける権利の保障として行われるものであるからです。

出席停止には，「**性行不良等による出席停止**」と「**感染症予防のための出席停止**」の2つがあります。前者は学校教育法第35条を根拠とし，市町村教育委員会が保護者に対して子どもの出席停止を命じます。後者は学校保健安全法第19条を根拠とし，幼稚園～中学校にあっては校長が保護者に対して子どもの出席停止を指示し，高等学校にあっては校長が当該生徒に出席停止を指示します。

また，性行不良等による出席停止を命じる場合には，あらかじめ保護者の意見を聴取するとともに，出席停止の理由および期間を記載した文書を交付しなければなりません（学校教育法第35条2項）。さらに，その期間中は当該児童生徒への学習に対する支援その他の教育上必要な措置も講じなければなりません（学校教育法第35条4項）。出席停止が法律において認められるのは，性行不良等による出席停止が本人への懲戒ではなく，ほかの児童生徒の教育を受ける権利を保障するために命じられるものであるからでした。とはいえ，停学であろうと出席停止であろうと，学校への登校を一定期間禁止された児童生徒が円滑に学校へ復帰できるよう，学校が教育委員会や家庭と連携して指導・支援に努めなければならないことにかわりはありません。

実践に向かって ——再び生徒指導における法令理解の意義を考える

最後に，訴訟大国といわれるアメリカが学校教育の法化現象の末にどういった教員像を確立するに至ったのかをみることで，日本の学校教育における法令理解の意義について再び考えてみたいと思います。

1960年代頃までのアメリカでは教員を親代わりと見なす考え方が主流であ

り，学校や教員に強い権限が与えられていました。しかし，学校や教員による子どもへの行き過ぎた指導がしばしば問題となるなか，1969年のティンカー判決（合衆国憲法によって保障された表現の自由を規制する校則を無効と判断）を契機に，親代わりとして教員を見なす考え方からの脱却が目指され，学校教育のなかに法的視点が入るようになりました。1980年代には「アメリカ合衆国最高裁判所は，今日，公立学校の教員は，個々の親から任意の委任を受けた権限を行使していると見るべきではなく，公的に義務付けられた教育，規律に関する施策を遂行していると見なすべきとし，親代わり論を明確に否定」（坂田，2015）するに至りました。このようにアメリカは，学校教育の法化現象の末に，公的な施策の執行者という教員像を確立したのです。

一方，日本はどうでしょうか。日本はまさに学校教育の法化現象が進展しているまっただなかです。日本もアメリカと同様に，学校教育の法化現象の末に公的な施策の執行者という教員像を確立することになるのでしょうか。

私は別の可能性もあると考えています。日本の学校現場は，子どものためを思い，教育的配慮のもと，学校現場の苦慮の末に「自主退学」や「家庭謹慎」といった懲戒手法を編み出してきました。こうした手法は，たしかに法的根拠もなく，「**不透明な懲戒**」であり正されるべきものです。しかし，坂田（2015）が指摘するように，「退学」や「停学」という「法的効果を伴う懲戒」の手前で，なんとか子どもたちを指導・支援しようとする教育的配慮のもと，それらが編み出されてきたこともまた事実です。

懲戒としての退学や停学を受けた場合，その事実は指導要録に記載されます。他方，自主退学や家庭謹慎の場合は指導要録に記載されません（自主退学は「一身上の都合」として，家庭謹慎は「欠席」として多くは処理されます）。指導要録が学校教育法施行規則により作成を義務づけられ，進学や転校に際してその妙本や写しを送付しなければならないことをふまえるならば，退学や停学といった事実が指導要録に記載されるかどうかは子どものその後に大きく影響すると考えられます。そのなかで子どもの将来を思い，今後被るであろう不利益を最小限にするべく自主退学や家庭謹慎といった手法が編み出されてきたわけです。

だからといって，それらに問題がないわけでは決してありません。それらは法的根拠をもたない不透明な懲戒であり，運用においてしばしば重大な問題を引き起こしてきました。であるならば，自主退学や家庭謹慎に込められた教育的配慮を過去の遺物と見なし，私たちは公的な施策の執行者として子どもたちに退学や停学の処分を一律に下すほかないのでしょうか。しかし，もし仮に日本の学校現場が教育的配慮のもとで編み出してきた懲戒手法を法的視点により再創造することができるならば，日本の学校現場はアメリカとは異なる学校教育の法化現象の結論にたどり着くこともできるはずです。

愛や情熱，信頼といった情緒的関係性に基づく教育から自由や権利，義務といった法的関係性に基づく教育への転換を図るのではなく，その両者を融合させていくこと。単なる法令遵守としてのコンプライアンスではなく，法的視点を通した実践の（再）構築という**スクール・コンプライアンス**の重視へ。転換期にある学校教育において，法令理解は多様な意義を帯びながら，これからの生徒指導を考える上で避けては通れないものとなっているのです。

（國崎　大恩）

演 習 問 題

(1) 児童生徒が校則の検証・見直しに参画する方法として，具体的にどのようなものがあるでしょうか。

(2) 体罰や不適切な指導を防ぐために学校が組織としてできる対策にはどのようなものがあるでしょうか。

【引 用 文 献】

大島佳代子（2021）．校則裁判――黒染め訴訟からみた校則の合理性［大阪高裁判決令和 3.10.28］．季刊教育法，**211**，エイデル研究所，6-13.

法務省（2022）．令和 4 年版再犯防止推進白書.

坂田仰（編著）（2015）．生徒指導とスクール・コンプライアンス――法律・判例を理解し実践に活かす 学事出版.

文部科学省（2022）．生徒指導提要.

11 進路指導とキャリア教育

進路指導やキャリア教育と聞くと，みなさんはどのようなことをイメージするでしょうか？前者については，二者面談や三者面談で担任と志望校を決めたことを思い出したり，後者については職業体験をしたことをイメージしたりするかもしれません。しかし，これらは進路指導やキャリア教育のごく一部に過ぎません。本章では，教育を通じて，子どもや若者を社会に送り出すという学校の重要な役割につながる進路指導とキャリア教育について具体的に学びます。

第1節　進路指導とキャリア教育の基礎的理解

1．職業指導から進路指導，そしてキャリア教育への変遷

(1) キャリア教育の起源——職業指導運動

進路指導や**キャリア教育**の起源を辿ると，1900年代に米国ボストンで始まったパーソンズ（Persons, F.）の**職業指導運動**に至ります。この運動は，若者への職業選択の相談や支援として始まりました。そして，学校から社会（職業）への移行，つまりSchool to Workをいかに円滑に進めるかという社会的課題に応えるために発展してきました。パーソンズはこの運動の中心となった人物であり，彼がまとめた自己理解，職業理解，マッチングという3段階で進められる職業決定の支援プロセスは，**特性因子論**としてよく知られています。実は，職業指導運動はカウンセリング心理学の起源の1つにもなっています。進路指導も生徒指導も教育相談も，もとを辿るとこの運動にいき着くのです。

時は流れて，職業選択（Vocational Choice）の支援は，人がどのような人生を選び，社会のなかでどのような役割を担って生きていくかという中長期的なキャリア（Career）の支援へとその質を変えていきました。つまり，**キャリア発達**（Career Development）を促すことが支援の目的に変わったのです。キャリア発達は,「社会の中で自分の役割を果たしながら自分らしい生き方を実現していく過程」と定義されています(文部科学省, 2011)。ただし,時代の変化はあっても,その根底にはSchool to Workという普遍の課題があります。子どもたちが社会に出るまでにどのような教育が求められるのかを考えて,そのために必要な力を身につけるといった理念は,19世紀初頭から現在のキャリア教育まで一貫して変わっていないのです。しかし,理念が同じだとしても,社会は大きく変動しています。したがって,School to Workを実現させるための教育は,その時代の社会にあった教育内容になるように今も変化し続けています。

(2) 戦前の日本における職業指導導入過程

さて,20世紀初頭に米国で始まった職業指導運動は早々にわが国にも導入されました。1915年に東京帝国大学の入澤宗寿が『現今の教育』でVocational Guidanceを「職業指導」と訳し,紹介しています。また1919年に開所した大阪市立児童相談所の相談業務の1つに「児童職業の選択紹介及指導に関する事項」が含まれており,これが日本における進路指導のはじまりとされています。当時は,産業革命後の社会変革の波が押し寄せるなかで,大都市に仕事を求めた若者が集まり,あふれていました。そうした若者たちへの児童福祉の観点から,進路指導が始まったのです。

その後,進路指導は職業指導を中心に学校教育のなかに位置づけられていきました。そして文部省は1927年4月に「少年職業指導協議会」を開催し,同年11月に「児童生徒ノ個性尊重及職業指導ニ関スル件」を訓令として通達しています。これにより,職業指導が正式に学校教育に導入されていきました。生徒指導提要(2022年版)で重視された発達支持的生徒指導や課題予防的生徒指導と同じように,学校段階のうちにあらかじめ必要な指導を施すという発想が,当時にもあったことがうかがえます。

(3) 教科としての職業指導から学級活動を中心とする進路指導へ

そして第二次世界大戦後の1947年には,日本国憲法,教育基本法,学校教育法が相次いで制定され,新しい制度のもとで学校教育が展開されていきました。この時,義務教育課程となった中学校には「職業科」が教科として設置さ

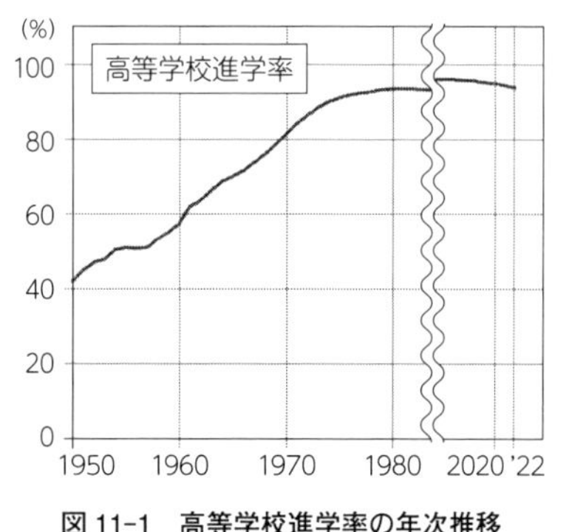

図 11-1　高等学校進学率の年次推移

れました。ちなみに，職業科はその後，1951 年には職業・家庭科と名称改変され，さらに 1958 年の中学校学習指導要領の改定により技術・家庭科となりました。それと同時に，「職業の指導」は「進路の指導」という表現に変わっています。そして，1969 年の学習指導要領の改訂によって，進路指導は学級・ホームルーム活動を中心に，特別教育活動として学校教育全体を通じて実施するものになりました。職業指導，進路指導の場が教科から，学級・ホームルーム中心に変わったのです。この背景には前述の Vocation から Career へという時代的変化だけではなく，当時の急激な高等学校進学率の上昇がありました（図 11-1）。職業選択の指導よりも，進路・進学先の指導の比重が大きくなったのです。

(4) 高校進学率の上昇と出口指導

高等学校進学率が上がり，ほとんどの中学生が高校進学をするようになってくると，進路指導の主題が「どう生きていくのか」という本来の視点から離れていきました。そして，「どの学校に進学するか」という点が大きなテーマとなり，**出口指導**の問題が生じました。出口指導とは，興味や適性，その先にある将来の目標に向けての準備として進路先を選ぶのではなく，「卒業後に入れる進路先を選ぶ」ための指導です。具体的には，出口指導によって「業者テスト」によって導かれる偏差値と，それによって輪切りにされた学校ランキングを見比べて進路先を決めることが進路指導であるという，非常に極端で矮小化された進路指導が展開されるようになりました。そしてしだいに勉強が「受験のため，試験のため」に行われるようになり，「将来のため」よりも「合格するため」に行われるようになっていったのです。これを受けて 1983 年に「進路指導の手引き—高等学校ホームルーム担任編」で「進路指導は，生徒一人ひとりが，自分の将来の生き方への関心を深め，自分の能力・適性等の発見と開発に努め，進路の世界への知見を広くかつ深いものとし，やがて自分の将来への展望を持ち，進路の選択・計画をし，卒業後の生活によりよく適応し，社会的・職業的自己実現を達成していくことに必要な，生徒の自己指導能力の伸長を目指す，教師の計画的，組織的，継続的な指導・援助の過程である」と定義されたように，進路指導の本質から考えると，出口指導のみを進路指導ととらえがちな当時の傾向は，大きな問題でした。

そして，このような進路指導の矮小化，形骸化を受けて，1993年に「高等学校の入学者選抜について」という文部事務次官通知が出されます。ここでは「学校選択の指導から生き方の指導への転換」「進学可能な学校の選択から進学したい学校の選択への指導の転換」「100%の合格可能性に基づく指導から生徒の意欲や努力を重視する指導の転換」および「教師の選択決定から生徒の選択決定への指導の転換」を引き続き図ることが重要であるとされ，中学校から「業者テスト」を排除し，出口指導からの脱却を目指す方針が打ち出されたのです。

(5) 進路指導からキャリア教育へ：キャリア教育が生まれた背景

1990年代の日本社会では学校から社会への移行という課題の質が大きく変わりましたが，これを考える上でバブル経済の崩壊とITを含めた情報革命を外すわけにはいきません。これらの社会の変化に伴い，終身雇用という日本型雇用制度が崩れ始め，雇用の流動化，非正規雇用の増加が生じました。就職氷河期という言葉が生まれ，その後に失われた20年，30年ともいわれる日本経済の停滞期が始まっていきます。

こうした社会背景によって，多くの若者が派遣社員やフリーターなどの非正規雇用により不安定な労働環境に置かれてしまいました。フリーターとはフリーアルバイターの略語であり，正規雇用ではないアルバイトで生計を立てている人のことです。そして，ひきこもりやNEETの増加といった心理社会的な問題にもつながっていきました。ひきこもりとは，社会的参加や外出を避けて自宅や自室にとどまり続けている状態にある者を指す言葉です。またNEETとは教育も訓練も雇用もされていない立場の人を指す言葉であり，片仮名でニートと表記されることもあります。これらの言葉に代表されるように，若者が社会構造の変化のなかで社会的弱者に追いやられ，学校から社会への円滑な移行が非常に難しくなりました。このような事態において，これまで通りの進路指導を進めるだけでは不十分であり，社会の変化に対応した新しい教育の進め方が模索されるようになります。こうした社会的背景が，わが国においてキャリア教育を導入・推進する１つの大きなきっかけとなったのです。

しかし，序章で示したように，キャリア教育の本質的な意義を考えると，上記のような社会構造の変化に伴う課題に対する教育改革を進める必要があるという以上に，児童生徒が日々の学習と将来を結びつけて考えることが十分にできないまま勉強を強いられているというキャリア教育の推進によって改善していくことこそが，より重要な問題を解決していくのかという点こそがより重要なポイントになります。

(6) キャリア教育の誕生と展開

さて，キャリア教育という言葉がわが国ではじめて公式文書に登場したのは，1999 年です。のちに接続答申と呼ばれる中央教育審議会の答申で学校教育と職業教育の接続を円滑にするために，「小学校段階からの発達段階に応じたキャリア教育の推進」が提唱されました。その後，文部科学省が「キャリア教育の推進に関する総合的調査研究協力者会議」を設置し，2004 年に同会議による報告書が公表されました。2004 年報告書ではキャリア教育を端的には，「児童生徒一人一人の職業観・勤労観を育てる教育」としています。

その後，2011 年の中教審答申「職業教育の在り方について」のなかでキャリア教育の定義が改められ，「一人ひとりの社会的・職業的自立に向け，必要な基盤となる能力や態度を育てることを通して，キャリア発達を促す教育」であるとされます。そして「特定の活動や指導方法に限定されるものではなく，様々な教育活動を通して実践されるものであり，一人ひとりの発達や社会人・職業人としての自立を促す点から，学校教育を構成していくための理念と方向性を示すもの」と説明されました。さらに，2004 年報告書に「キャリア教育で育むべき力」として例示されていた「4 領域 8 能力」に変わり，あらたに基礎的・汎用的能力と呼ばれる４つの力（人間関係形成・社会形成能力，自己理解・自己管理能力，課題対応能力，キャリアプランニング能力）が示されました（図 11-2）。キャリア教育の定義が改められた背景には職業観・勤労観という言葉が抽象的

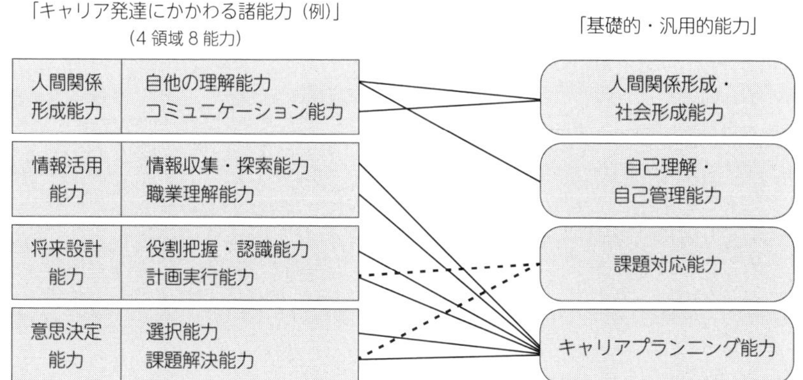

※図中の破線は両者の関係性が相対的に見て弱いことを示している。「計画実行能力」「課題解決能力」という「ラベル」からは「課題対応能力」と密接なつながりが連想されるが，能力の説明等までを視野におさめた場合，「4 領域 8 能力」では，「基礎的・汎用的能力」における「課題対応能力」に相当する能力について，必ずしも前面に出されてはいなかったことがわかる。

図 11-2　4 領域 8 能力から基礎的・汎用的能力へ

であり，キャリア教育の本質が正しく伝わりにくかったことなどがありました（序章も参照のこと）。また 4 領域 8 能力は「高等学校までの想定にとどまっており，生涯を通じて育成される能力という観点が薄い（中央教育審議会, 2011）」などいくつかの課題，問題があったため，あらたに基礎的・汎用的能力という力が示されたわけです。2011 年答申で注目すべき点は，キャリア教育の目標が職業観・勤労観の育成という表現から「一人一人の社会的・職業的自立」に変化したこと，そのために「キャリア発達を促すこと」が必要であると定義に明示されたことだといえます。

(7) 特別活動を要とするキャリア教育のあらたな展開

2017（平成 29）年公示の学習指導要領ではキャリア教育が総則のなかに位置づけられました。キャリア教育という言葉が学習指導要領に明記されたのはこれがはじめてです。総則に明記されたということは，キャリア教育が教育課程全体にかかるという意味であり（長田・清川・翁長, 2018），特定の活動や指導方法に限定されるものではなく，さまざまな教育活動を通して実践されるものという理念を踏襲していることがわかります。特定の活動とは，たとえば職場体験学習などになるでしょう。ただし，職場体験学習も大切なキャリア教育の機会ですが，それだけがキャリア教育と考えるのは間違っています。つまり，生徒指導がすべての教育活動のなかに機能や視点として含まれるようにしていくことと同様に，キャリア教育もキャリア発達を促す，支えるという視点ですべての教育活動のなかで展開していくことが重要だといえるのです。

そうしたなか，新学習指導要領の目新しい点は，「特別活動を要」としたところにあります。キャリア教育がさまざまな教育活動の全体を通して行われると考えることによって，指導場面があいまいになりやすいという側面があることは否めません。そこで，キャリア教育の中核となる時間を明示する必要性が認識され，「特別活動を要としつつ」というあらたな表現が用いられることになったわけです。

以上の経緯から現在のキャリア教育は「特別活動を中核としつつ，すべての教科や教育活動で一人ひとりの社会的・職業的自立を目指してキャリア発達を促すもの」として，展開されています。

2. 学校から社会への移行を円滑に進めるための視点

ここまで進路指導がキャリア教育に発展してきた過程を紹介してきましたが，進路指導そのものが学校教育から消失したわけではありません。これらは児童生徒の学校から社会への移行が円滑に進むようにすることを目指す教育活動ですし，進路指導はキャリア教育の大切な一側面として，むしろ重要性を増していると考えるべきです。図 11-3 は進路指導とキャリア教育の関係を示したものです。キャリア教育はすべての学校段階において取り組まれるべきもの

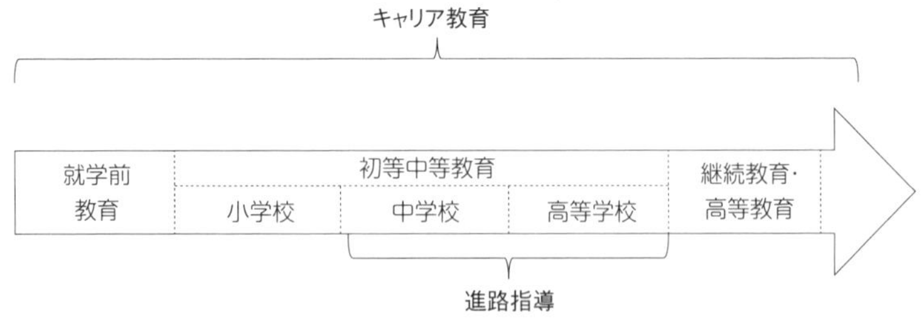

図 11-3　進路指導とキャリア教育の関係（文部科学省，2011，2012）

であることを示している一方で，中等教育段階においてはこれまで通り進路指導が重要な教育活動として存在し続けることを示しています。また，いずれにも共通するテーマは学校から社会への移行（School to Work）です。

進路指導の６つの活動

さて，進路指導にはその定義に基づき６つの活動があるとされます。

①自己（児童生徒）理解に関する活動　②進路情報に関する活動　③啓発的経験に関する活動　④進路相談に関する活動　⑤進路決定に関する活動　⑥追指導に関する活動

①の自己理解に関する活動は，児童生徒が興味や関心，能力や自分らしさ，意欲や態度などさまざまな側面について自己理解を深めることを目的とした活動です。教師目線に立てば，児童生徒理解の活動ということになります（第３章参照）。②の進路情報に関する活動は，上級学校や職業の具体的な情報を提供したり，情報の集め方や活用の仕方を教えたりする活動です。進路の計画を立て，ビジョンを描き，キャリアを具体的にデザインしていくためには良質の情報が必要となるためです。③の啓発的経験に関する活動は，児童生徒が体験から気づきを得て，自己発見をすることを促す活動です。この体験には職場体験

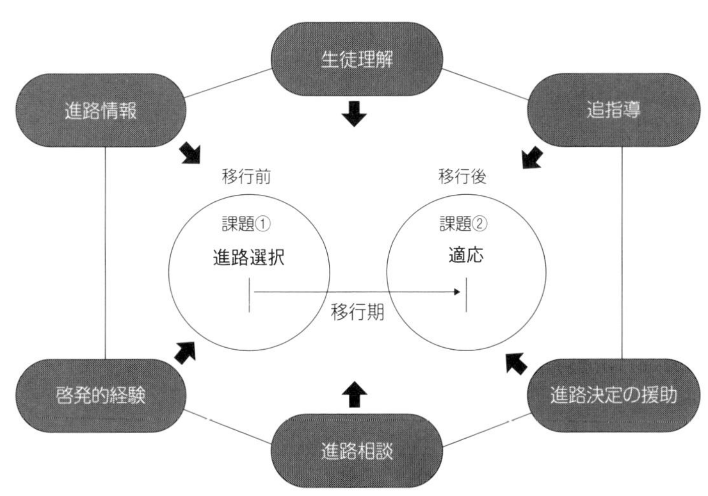

図 11-4　移行に関わる２つの課題と進路指導の６つの活動

などの行事も含みますし，日々の教科学習や生徒指導，特別活動のなかでの体験も含みます。④の進路相談に関する活動は，個別あるいは集団での相談を通して，進路に関する悩みや課題を解決するプロセスを導く活動です。進路相談の活動は進路指導でも中核に位置づけられるものだとされています（第13章参照）。⑤の進路決定に関する活動は進路を選び，決定していくプロセスを導く活動です。児童生徒が納得感をもって進路を決定することができるようにすることが重要です。また保護者の理解を得ながら進路決定プロセスを進めるために，三者面談などを行うことも重要になります。⑥の追指導とは卒業後の進路先において，よりよく適応し，成長していくことができるように指導，援助する活動のことを指します。

永作（2012）は，これらの6つの活動を移行期支援における2つの課題（進路選択と適応）と合わせて図11-4のように解説しています。移行前の段階ではどのように進路を選ぶか，選べるようにその準備をさせるかということが重要になります。また，移行後の段階では新しい環境に適応することが大切です。というのも，自己実現は適応の先にあるからです。そのために必要な教育活動は何も追指導だけではありません。自己理解を深めておくこと，質の良い進路情報を移行前に十分に得ておくことでリアリティ・ショックを減らすこと，新しい環境で周囲の人たちとうまくやっていけるような社会性や協調性を身につけさせることなど，さまざまな活動が移行後の適応につながる進路指導であり，また発達支持的生徒指導になるのです。また，キャリア教育を通じて育むことが期待される基礎的・汎用的能力（人間関係形成・社会形成能力，自己理解・自己管理能力，課題対応能力，キャリアプランニング能力）は，このような指導を行う時の視点としても役立つと考えられます。

第2節 3ステップでさまざまな教育活動を「つなぐ」

2017（平成29）年の学習指導要領では，総則に「児童（生徒）が，学ぶことと自己の（原文）将来とのつながりを見通しながら，社会的・職業的自立に向けて必要な基盤となる資質・能力を身に付けていくことができるよう，特別活動

を要としつつ各教科等の特質に応じて，キャリア教育の充実を図る」と記されています。では，具体的にどのようにキャリア教育を進めていけばよいのでしょうか。

藤田（2018）は，キャリア教育を具体的に進めるステップを３段階で説明しています（図 11-5）。

Step1 はキャリア教育を通して身につけさせたい力を設定することです。子どもたちにどのようになって卒業していってもらいたいか。これを学校ごと，あるいは地域で可能なかぎり具体的に，「○○のような場面で，△△することができる」などと設定します。たとえば，「よりよい未来を創造する力」など抽象的な表現は，多様に解釈できるため好ましくありません。

Step2 は各教科等のなかの「キャリア教育の宝」を洗い出すことです。Step1 で設定した力を身につけるために必要な学習活動は，さまざまな単元あるいは指導場面に存在しています。それらを見直し，カリキュラムとして計画的に，また意図的かつ継続的に児童生徒が学び取っていけるようにします。そうすることで，「こんな勉強をしても意味がない」とか「どうせ使わない」と感じさせることを減らし，「今学んでいることは社会にも将来にもつながっているんだ」と感じられるようにしていきます。また，学習内容を「試験に出るから大事だ」と説明するのではなく，「大事なことだから試験にもよく出され

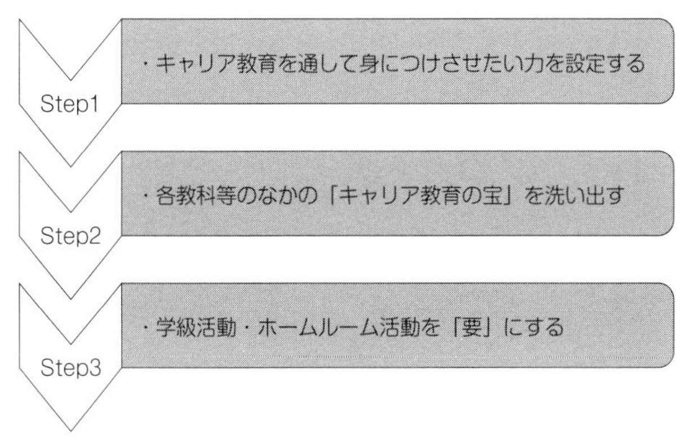

図 11-5　キャリア教育を進めるための３ステップ（藤田，2018）

る」と説明することが重要です。これについて藤田（2018）は「『学校での学び』が社会を支えている」として，次のような例をあげています。一部を紹介します。

・海外からの発注メール・FAX は英語圏以外も含めてすべて英語だ
・社内の会議では「論理的にわかりやすく話す」ことが不可欠
・一般的なパーマ液はアルカリ性。タンパク質の組成を変化させる
・料理の「さしすせそ（砂糖が先で塩が後）」は浸透圧の原理に依拠したもの

Step3 は学級活動・ホームルーム活動を「要」にすることです。学級活動・ホームルーム活動の目的の１つに一人ひとりのキャリア形成を自己実現のための指導があります。この指導にあたっては「学校，家庭及び地域における学習や生活の見通しを立て，学んだことをふり返りながら，あらたな学習や生活への意欲につなげたり，将来の生き方を考えたりする活動を行うこと。その際，児童／生徒が活動を記録し蓄積する教材（キャリア・パスポート）を活用すること」（藤田，2018）とされています。キャリア・パスポートはポートフォリオ評価を行うための教材であり，各教科での学びの内容やそこから気づいたこと，自分自身の成長のプロセスを書きとめていきます。また，ここにおとなが対話的に関わることで子どもたちのさらなる気づきとキャリア発達の促進が期待できます。

第３節　実践に向かって――語る・語らせる・語り合わせる

進路指導とキャリア教育はいずれも「学校から社会への移行」つまり School to Work を円滑にするために必要な指導と教育を行うという共通の理念，目的のもとで展開される教育活動です。そのために児童生徒の将来の社会的・職業的自立を目指して，それぞれの発達段階に応じたキャリア発達を促すことが重要になります。

それでは，児童生徒のキャリア発達を促すために必要なことは何でしょうか。国立教育政策研究所（2016）は，教師が「語る」，児童生徒に「語らせる」，児童生徒たちに「語り合わせる」がキャリア発達を促すキーワードであ

ると説明しています。「語る」では教師が自分の考えやおとなの思いを押しつけたり，指示的に話したりするのではなく，「あなたはどうしてそう思うのかな？」というように児童生徒の思いや考えを引き出すように意図して働きかけます。児童生徒に「語らせる」ことは，児童生徒がまだ言語化されていない自分の思いや考えに気づくきっかけとなります。また，他者の思いや考え方を知るとともに，自分自身の思いや考え方を明確にしたり，整理・再構築したりすることにもつながります。前項で取り上げた3ステップで学習環境を整えた上で，こうした質の良い相互作用を生み出す実践を展開することが，児童生徒のキャリア発達を支えるのです。

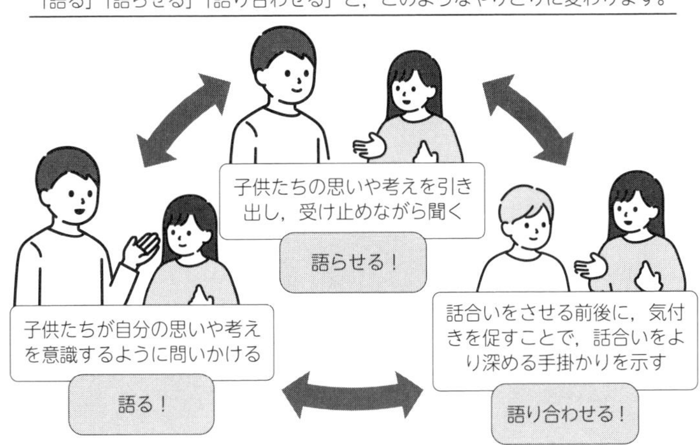

図 11-6 「語る」「語らせる」「語り合わせる」（国立教育政策研究所，2016 をもとに作成）

（永作　稔）

演習問題

本章で学んだことを活かして，児童生徒の「社会的・職業的自立」につながる力を育むための指導内容について考えましょう。その時に，自分が担当する教科でできることを中心に考えてみてください。

【引用文献】

中央教育審議会（2011）. 今後の学校におけるキャリア教育・職業教育の在り方について（答申）

藤田晃之（2018）. キャリア教育の実践　独立行政法人教職員支援機構　https://www.nits.go.jp/materials/intramural/files/041_001.pdf

国立教育政策研究所（2016）.「語る」「語らせる」「語り合わせる」で変える！キャリア教育――個々のキャリア発達を踏まえた“教師”の働きかけ――

永作稔（2012）. 進路指導の評価と活用　新井邦二郎（編）進路指導　培風館

文部科学省（2011）. 中学校キャリア教育の手引き　教育出版

文部科学省（2012）. 高等学校キャリア教育の手引き　教育出版

文部科学省（2004）. キャリア教育の推進に関する総合的調査研究協力者会議報告書（p.148）

長田徹・清川卓二・翁長有希（2017）. 学校と企業と地域をつなぐ新時代のキャリア教育　東京書籍

12 キャリア教育の指導体制とカリキュラムマネジメント

キャリア教育は，学校の教育活動全体を通じて計画的・組織的に行うものです。しかしながら，国立教育政策研究所（2020）のキャリア教育に関する総合的研究 第１次報告書によれば「キャリア教育に関する担当者を中心とする校務分掌組織が確立され，機能している」と考えている学校は，小学校で 20.3%，中学校で 48.5%，高等学校で 43.1% であり，**指導体制**が十分に整備されていない状況にあると考えられます。この状況を改善するためには，指導体制を整えるとともに，**カリキュラムマネジメント**の充実を図ることが重要です。

第1節 キャリア教育の法的根拠

1. キャリア教育と法令

キャリア教育を効果的に展開するためには，児童生徒の発達段階を考慮して，学校の教育活動全体で組織的・計画的にキャリア教育を展開することが不可欠です。ここでは，その前提となる法令について概観します。

2006（平成 18）年 12 月に改正された**教育基本法**の条文のなかには，キャリア教育といった文言は直接的には使用されていませんが，「第１章　教育の目的及び理念」の第１条（教育の目的）において，「教育は，人格の完成を目指し，平和で民主的な国家及び社会の形成者として必要な資質を備えた心身ともに健全な国民の育成を期して行わなければならない」，第２条（教育の目標）の２において「個人の価値を尊重して，その能力を伸ばし，創造性を培い，自主及び自律の精神を養うとともに，職業及び生活との関連を重視し，勤労を重んずる態度を養うこと」，第３条（生涯学習の理念）において「国民一人一人が，自己の人格を磨き，豊かな人生を送ることができるよう，その生涯にわたって，あらゆる機会に，あらゆる場所において学習することができ，その成果を適切に生かすことのできる社会の実現が図られなければならない」といったように，キャリア教育に関わる内容が多く示されています。

また，「第2章　教育の実施に関する基本」の第6条（学校教育）の2において「学校においては，教育の目標が達成されるよう，教育を受ける者の心身の発達に応じて，体系的な教育が組織的に行われなければならない。この場合において，教育を受ける者が，学校生活を営む上で必要な規律を重んずるとともに，自ら進んで学習に取り組む意欲を高めることを重視して行われなければならない」と示され，学校教育の指導体制にまで踏み込んだものとなっています。また，2007（平成19）年6月に改正された**学校教育法**には，「第2章　義務教育」の第21条の1において「学校内外における社会的活動を促進し，自主，自律及び協同の精神，規範意識，公正な判断力並びに公共の精神に基づき主体的に社会の形成に参画し，その発展に寄与する態度を養うこと」，第21条の10において「職業についての基礎的な知識と技能，勤労を重んずる態度及び個性に応じて将来の進路を選択する能力を養うこと」といったように，義務教育におけるキャリア教育に関わる内容が多く示されています。

以上のことから，教育基本法および学校教育法には，キャリア教育を推進する上での法的根拠が示されていることがわかります。

2. 学習指導要領における「生きる力」

2017（平成29）年3月に小・中学校の**学習指導要領**が，2017（平成29）年4月に特別支援学校学習指導要領が，翌2018（平成30）年3月に高等学校学習指導要領が告示され，小・中学校の学習指導要領，特別支援学校学習指導要領においては「キャリア教育」という文言がはじめて示されました。これらの学習指導要領では，「第1章　総則」において「児童（生徒）が，学ぶことと自己の将来とのつながりを見通しながら，社会的・職業的自立に向けて必要な基盤となる資質・能力を身に付けていくことができるよう，特別活動を要としつつ各教科等の特質に応じて，キャリア教育の充実を図ること」と示され，特別活動を中核に各教科等でキャリア教育を展開することの重要性を指摘しています。

学習指導要領に示されている「社会的・職業的自立に向けて必要な基盤となる資質・能力」のなかには「学力」があることは言うまでもありません。学習指導要領では，「学力」について，知・徳・体にわたる「**生きる力**」を子どもたちに育むため，「何のために学ぶのか」という学習の意義を共有しながら，授業の創意工夫や教科書等の教材の改善を引き出していけるよう，次の (1)～(3) に掲げる3つの柱で整理しています。

(1) **知識**および**技能**が習得されるようにすること。

(2) **思考力，判断力，表現力**等を育成すること。

(3) **学びに向かう力，人間性**等を涵養すること。

これらの力を育むためには，主体的・対話的で深い学びが必要であり，その実現に向けて授業等の改善・充実を図る必要があります。

3. 学習指導要領と「基礎的・汎用的能力」

文部科学省 (2011) が，示した**基礎的・汎用的能力**について，学習指導要領の前文には「これからの学校には，教育の目的及び目標の達成を目指しつつ，一人一人の児童生徒が，①自分のよさや可能性を認識するとともに，②あらゆる他者を価値のある存在として尊重し，多様な人々と協働しながら，③様々な社会的変化を乗り越え，④豊かな人生を切り拓き，持続可能な社会の創り手となることができるようにすることが求められる。このために必要な教育の在り方を具体化するのが，各学校において教育の内容等を組織的かつ計画的に組み立てた教育課程である」と示されています。この文章には，基礎的・汎用的能力といった文言は記述されていませんが，「①自分のよさや可能性を認識」は，「**自己理解・自己管理能力**」，「②あらゆる他者を価値のある存在として尊重し，多様な人々と協働」は，「**人間関係形成・社会形成能力**」，「③様々な社会的変化を乗り越え」は，「**課題対応能力**」，「④豊かな人生を切り拓き，持続可能な社会の創り手となる」は，「**キャリアプランニング能力**」と考えることができます。

4. 「生きる力」と「基礎的・汎用的能力」の関係

それでは，「生きる力」と「基礎的・汎用的能力」の関係をどのように考えればよいのでしょうか。このことについて大田区立矢口中学校（2019）では，横軸に「生きる力」を育むための３つの柱，縦軸に基礎的・汎用的能力をおいたマトリックス表を独自に作成し，キャリア教育の視点から各教科等の特質に応じて，日々の授業の目的を整理しています。

また，山田ら（2020）は，大田区立矢口中学校のマトリックス表を基本に，基礎的・汎用的能力に郷土愛を加えた新潟版「基礎的・汎用的能力」である「新潟っ子を育てる５つの視点」（新潟県教育委員会，2011）を縦軸とし，「生きる力」を横軸とするマトリックス表を作成しました。そして，図 12-1 のように新潟県内の小学校における日常の指導・支援や子どもたちの活動を分類・整理し，日々の教育活動を「基礎的・汎用的能力」と「生きる力」の視点から可視化してい

○授業内容：
（①）第５・６学年　家庭科「調理実習の買い出し」　（②）第３学年　算数「角度」
（③）第５・６学年　算数　「図形の面積」　（④）第３・４学年　社会「新潟県の山・川・平野」
（⑤）第１・２学年　生活　「家庭の仕事調べ」

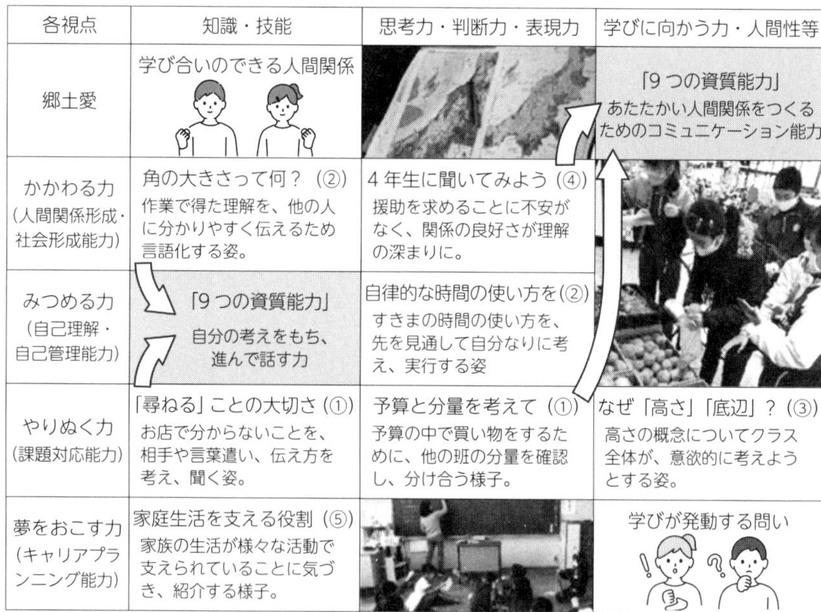

各視点	知識・技能	思考力・判断力・表現力	学びに向かう力・人間性等
郷土愛	学び合いのできる人間関係		「９つの資質能力」 あたたかい人間関係をつくるためのコミュニケーション能力
かかわる力（人間関係形成・社会形成能力）	角の大きさって何？（②） 作業で得た理解を、他の人に分かりやすく伝えるため言語化する姿。	４年生に聞いてみよう（④） 援助を求めることに不安がなく、関係の良好さが理解の深まりに。	
みつめる力（自己理解・自己管理能力）	「９つの資質能力」 自分の考えをもち、進んで話す力	自律的な時間の使い方を（②） すきまの時間の使い方を、先を見通して自分なりに考え、実行する姿	
やりぬく力（課題対応能力）	「尋ねる」ことの大切さ（①） お店で分からないことを、相手や言葉遣い、伝え方を考え、聞く姿。	予算と分量を考えて（①） 予算の中で買い物をするために、他の班の分量を確認し、分け合う様子。	なぜ「高さ」「底辺」？（③） 高さの概念についてクラス全体が、意欲的に考えようとする姿。
夢をおこす力（キャリアプランニング能力）	家庭生活を支える役割（⑤） 家族の生活が様々な活動で支えられていることに気づき、紹介する様子。		学びが発動する問い

図 12-1　新潟版「基礎的・汎用的能力」と「生きる力」のマトリックス表
（筆者の研究室が発行する「学校支援プロジェクト：連携だより」より一部抜粋）

ます（山田ら，2020）。これをみると，家庭科や算数，社会科や生活科などの教科の授業において，基礎的・汎用的能力を伸長させていることがわかります。このことから，すべての教科がキャリア教育と深い関係があると考えられます。

第2節　指導体制とカリキュラムマネジメント

1．キャリア教育の指導体制

キャリア教育は，学校の教育活動全体を通じて計画的・組織的に行うものです。文部科学省（2020）のキャリア教育に関する総合的研究 第1次報告書によれば，キャリア教育の現状について尋ねた多肢選択法による調査において，「キャリア教育に関する担当者を中心とする校務分掌組織が確立され，機能している」との項目で「その通りである」と回答した学校は，小学校で20.3%，中学校で48.5%，高等学校で43.1%でした。

他方，山田・下村（2007）が，東京都の中学校の校長・副校長・主幹教諭・一般教諭を対象に「貴校では，どのような体制で『キャリア教育』を行っていますか」という質問に答えてもらったところ，「どちらかと言えば進路指導部が中心となって行っている」が8.6%，「どちらかと言えば学年が中心となって行っている」が62.1%ともっとも多く，「進路指導部と学年がうまく連携して行っている」が26.7%，「全校を挙げて行っている」が2.6%ともっとも少なく，学年が中心となってキャリア教育が行われていると認識している教員が多いことを示していました。また，これを職階別に分類してみたところ，管理職＋主幹教諭の方が，「全校を挙げて行っている」，「進路指導部と学年がうまく連携して行っている」，「どちらかと言えば進路指導部が中心となって行っている」と認識している教員が若干多く認められました。また，中学校で「キャリア教育」を行う際の組織体制について，問題点を尋ねたところ「学年中心なので，毎年やる事が少しずつ違ってくる」，「進路指導主任が毎年代わるので，一貫しない」，「各学年の実態が，進路指導部で把握しにくい」などが代表的な意見としてあげられました。これらの結果から，中学校の教育現場では，学校の教育活動全体でキャリア教育を行っていると認識している教員は，管理職＋主幹教諭のあいだで若干は認識があるものの，多くは学年が中心となっているととらえており，進路指導部が中心となって行われていない現状があることがわかりました。

学年が中心となってキャリア教育を展開した場合は，即応性があり，さまざまな取組を柔軟に取り入れられるといったメリットはあるものの，当該学年のみの取組となってしまい学校全体に定着しづらいといったデメリットがあります。他方，進路指導部が中心となった取組は，学校全体の共通理解のもと行う取組であることから継続性があり，時間をかけてよりよい取組へと工夫と改善を図ることが可能であるといったメリットはあるものの，新しい取組を取り入れる場合，即応性に欠けるといったデメリットがあります。

学校では，このような現状の変革を図り，全教員が教育活動全体を通じて組織的・計画的にキャリア教育を行う必要があります。そのためには，校内における研修体制の充実とともに，OJT 体制を確立し，校長，副校長（教頭），教務主任，生活指導主任，進路指導主任（進路指導主事），学年主任，学級担任（ホームルーム担任），養護教諭，教科担任が連携しながらキャリア教育を推進することができる指導体制を確立することがきわめて重要となります。

2. 校内組織体制の確立

学校の教育活動全体を通じてキャリア教育を行うためには，教職員の共通理解と協力体制が必要であり，その実現のためにはしっかりとした校内組織体制を確立させることが不可欠です。

第 4 章に示された図 4-3 （p.60）は，ある中学校の**校務分掌組織図**です。この図を見てわかるように，キャリア教育に関連する職務は，進路指導部を中心として学校教育全体にわたっています。しかしながら，校内組織はそれぞれの校種，学校規模，地域，生徒の状況，教員の構成（人数，年齢，性別，専門教科，専門研究分野など）などの状況に応じて変化するものです。各学校には，組織体制の基本をとらえながら，状況に応じて学校の実態に即した校内組織体制を確立することが重要であることはいうまでもありません。図 4-3 の校務分掌組織図の特徴としては，中学校の進路指導部内の係のうち領域としての活動である

「進路指導」「学習指導」に加えて，授業としての活動である「学級活動」「道徳教育」「総合的な学習の時間」といった係が設けられている点です。このような係を設置することによって，一人ひとりの教員の責任の所在が明確になり，関連した取組に関する係相互の意思疎通が容易にできるようになっています。

このように進路指導部内での多様や役割を工夫し，その機能を明確にしておくことは不可欠です。また，一方で進路指導部においては，ほかの分掌や特別委員会との密接な連携・協力のもとに多角的に進路指導を展開することはきわめて重要なことです。その上で，個々の教員の専門性が活かされ，生徒に適切な指導ができる組織にしていくことが大切です。

そのためには，一人ひとりの教員や学年のアイデアを取り入れながら，進路指導部が学校全体のキャリア教育を牽引し，学校の教育活動全体を通じて行うキャリア教育の充実を図ることが大切です。

3. カリキュラムマネジメントとPDCAサイクル

キャリア教育の充実のために，日々の教育実践の工夫と改善を図ることはきわめて重要であることはいうまでもありません。**カリキュラムマネジメント**は，このような工夫と改善に欠かせないプロセスであり，学校教育にとって重要なものです。学校におけるカリキュラムマネジメントとは，教育目標を達成するために必要な教育内容，教育方法，評価方法などを計画，実施，評価するプロセスを指します。その内容は多岐にわたり，教育課程の設定，教育課程の実施に必要な教育資源や人材の確保，指導計画の作成や支援，目標を達成するための評価指標の設定と学校評価の実施，学習者の評価，教育資源の管理などさまざまなものがあります。

具体的な手順としては，まず，各学校が教育目標を設定し，それに基づいてキャリア教育の全体計画を作成，自校が取り組むキャリア教育の方向性を明確に示す必要があります。法規や学習指導要領をもとに各学校が教育目標，生徒・保護者・教員の願いの具現化を図るため，キャリア教育の全体計画には，特別活動，総合的な学習（探究）の時間，特別の教科「道徳」，各教科等との関係を示しています。そして，それをもとに，具体的な取組を示したキャリア教育の年間指導計画を作成します。

ただし、このようなキャリア教育の全体計画・年間指導計画を作成するためには，まずほかの学校段階の取組を把握しておく必要があります。たとえば，中学校であれば，新入生が小学校時代どのような取組をしてきたのかを知り，卒業生が高等学校でどのようなキャリア教育が行われるのかを知ることで，中学校段階でどのような取組が必要なのかを考えることができます。そのためには，図 12-2 のような小・中・高等学校のキャリア教育（進路指導）題材関連図を作成し，生徒の発達段階に応じた取組をつかんでおくことが有効です。図 12-2 をみると，発達段階に応じてさまざまなキャリア教育に関わる取組が行われ，一つひとつが関連していることがわかります。それから年間指導計画に基づき，各単元の教材や教育方法を決定し，授業を実践します。この時，教育目標に基づき，授業の効果を測定するための評価規準や評価基準，評価方法を定め，その結果を分析してカリキュラムの改善を図ります。

このような，カリキュラムの工夫と改善を図るための一連の流れを **PDCA サイクル**といいます。Plan（計画）とは，問題の分析から改善策を検討し，あらたな目標を設定，計画を立てることであり，Do（実行）とは，計画に基づいて，改善策を実行することです。さらに，Check（評価）とは，あらたに設定した目標と実行した改善策を比較し，その効果を評価することであり，Act（改善）とは，評価結果をもとに，問題点を洗い出し，改善点を見つけ，あらたな目標設定につなげることを意味します。PDCA サイクルとは，このようなサイクルをくり返すことで，継続的な改善を実現しようとするものです。

第3節 実践に向かって――指導実践の創意工夫の必要性

山田・田邊・佐藤（2017）が，上越地域の中学校を卒業した社会人 93 名を対象に，中学校の時に受けたキャリア教育のなかで印象に残っているものを聞いた調査では，表 12-1 のような結果を示していました。ここにあげられた取組をみると，キャリア教育は「職場体験」「職業調べ」「職業人講話」「マナー講座」といった職業に関わる内容と，「三者面談」「進路面談」「高校説明会」「高

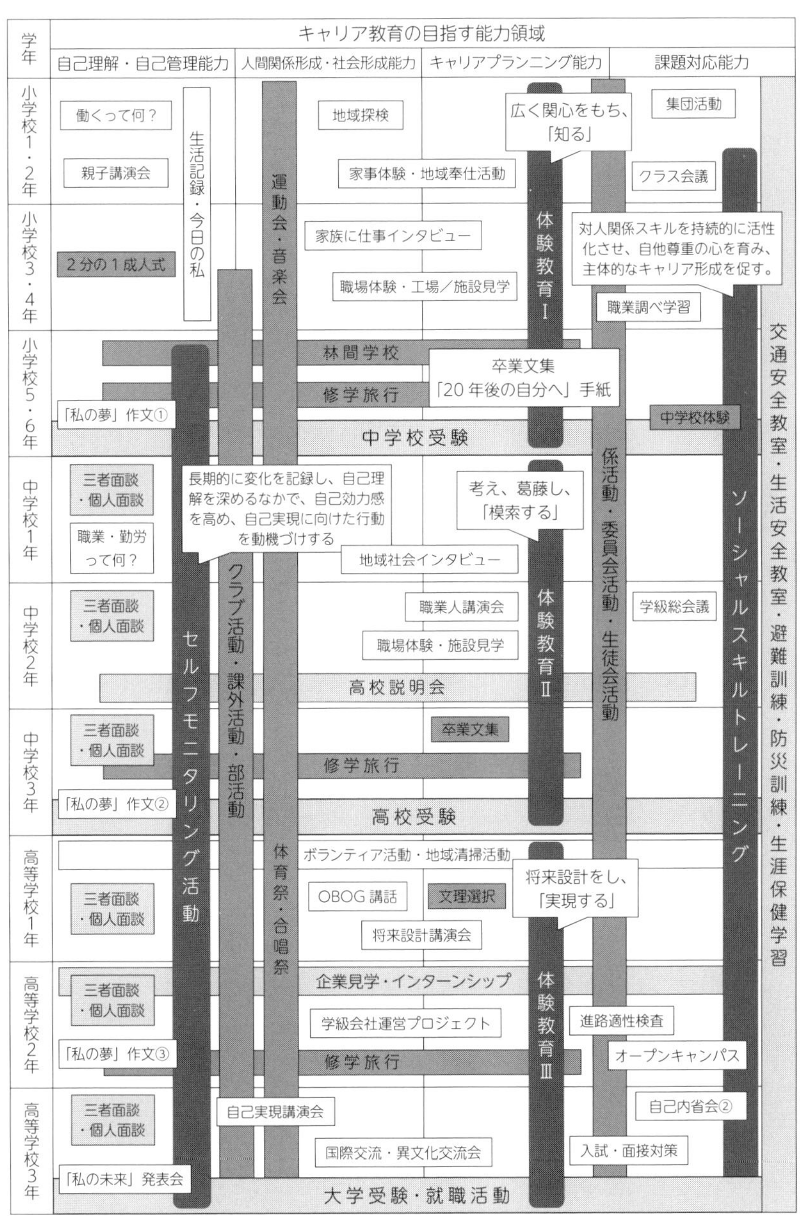

図 12-2　キャリア教育題材関連図（豊田，2020）

校体験入学」といった進学に関わる内容に分類されていることがわかります。

しかしながら，キャリア教育が目指すものは，職業指導と進学指導にとどまるものではなく，人生そのものに関わる生き方の教育であることはいうまでもありません。これからのキャリア教育は，「生きる力」と「基礎的・汎用的能力」を子どもたちに育むため，「何のために生きるのか」という人生の意義や「何のために学ぶのか」という学習の意義を共有できるよう，指導実践の創意工夫を図る必要があります。

（山田　智之）

表 12-1　中学校時代に受けたキャリア教育
（筆者作成）

		合計	%
1	職場体験	73	19.62
2	三者面談	66	17.74
3	進路面談	58	15.59
4	ボランティア活動	47	12.63
5	高校説明会	42	11.29
6	職業調べ	39	10.48
7	高校体験入学	19	5.11
8	マナー講座	11	2.96
9	職業人講話	10	2.69
10	あいさつ運動	7	1.88
	合計	372	100

演習問題

図 12-2 を参考にして，あなたが求める小学校段階から高等学校段階のキャリア教育の具体的な取組について検討し，キャリア教育題材系統図を完成させてください。（色鉛筆等の使用可）

キャリア教育題材関連図ワークシート

学籍番号：	氏名：

学年	キャリア教育の目指す能力領域			
	自己理解・自己管理能力	人間関係形成・社会形成能力	キャリアプランニング能力	課題対応能力
小学校1・2学年				
小学校3・4学年				
小学校				

【引 用 文 献】

国立教育政策研究所（2020）．キャリア教育に関する総合的研究 第1次報告書　国立教育政策研究所生徒指導・進路指導研究センター

文部科学省（2011）．中央教育審議会答申「今後の学校におけるキャリア教育・職業教育の在り方について」

新潟県教育委員会（2011）．キャリア教育で子どもが伸びる新潟っ子をはぐくむキャリア教育のすすめ

大田区立矢口中学校（2019）．学びに向かう力を高めるキャリア教育――教科指導・進路指導を通して――　研究発表集

豊田隼（2020）．キャリア教育題材関連図

山田智之・田邊道行・佐藤賢治（2017）．中学校時代の職場体験経験に関する社会人調査結果　上越市教育委員会委託研究報告書

山田智之・下村英雄（2007）．中学校における「キャリア教育（進路指導）」のあり方に関する調査研究 東京都中学校進路指導研究，**16**, 39-66.

山田智之・吉村憲治・宮島康則（2020）．地域教材を中核としたカリキュラムマネジメント――キャリア教育の視点から――　上越教育大学大学院学校教育研究科専門職学位課程 令和元年度学校支援プロジェクト実戦研究，364-370.

13 キャリア教育に求められる指導と対話の技術

情報、ガイダンス、相談とは？

キャリア教育は，児童生徒の将来の社会的・職業的自立を目指して行われる教育活動です。それは，目の前の子どもたちのキャリア発達を促し，支えていくことで進められます。そのためには，11章にあるように，①キャリア教育を通して身につけさせたい力を設定する，②各教科等のなかの「キャリア教育の宝」を洗い出す，学級活動・ホームルーム活動を「要」にするという3ステップで学習環境を整えて、教師―児童，また児童生徒同士の良質な相互作用を生み出す実践を展開することが重要です。そこで，この章ではキャリア教育の場面で必要な指導と対話の技術や心がけておきたいことについて紹介していきます。

第1節 キャリア教育における児童生徒全体への指導

キャリアは一人ひとり違う個別性の高いものですし，個々のキャリア発達のありようや進み方も一人ひとり異なります。そのために**キャリア・パスポート**を用いて，その個別の軌跡を記していくわけです。しかし，だからといってすべてのキャリア教育を個別に行うべきかというと，そうではありません。

1. キャリア・ガイダンスにおける3要素：情報，ガイダンス，相談

下村（2016）は，キャリア教育を含むキャリア・ガイダンスの提供手段を3つに分けて考えるデリバリー論を紹介し，その構成要素を「情報」「ガイダンス」「相談」の3つであるとして説明しています（図13-1）。

情報による支援は，誰にでも有用性のある支援であり，すでに世のなかに発信されている情報を活用するキャリア・ガイダンスです。わかりやすいのは，

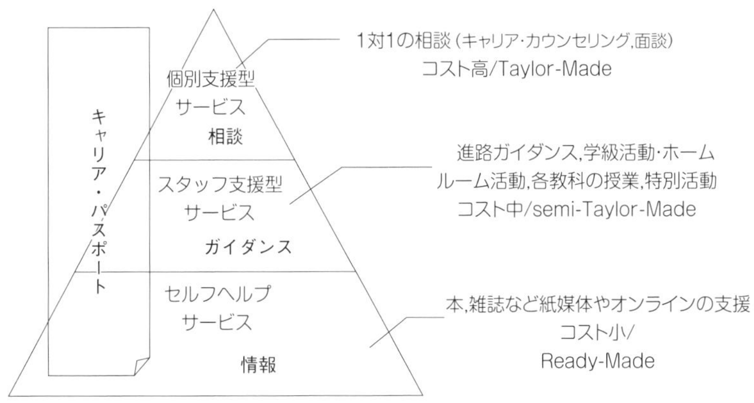

図 13-1　キャリア・ガイダンス 3 つの構成要素とキャリア・パスポートの関係

「○○（職業名）になるには」などのタイトルでさまざまな職業について紹介されている書籍や，数多くの進学先の情報が紹介されている雑誌を用いることでしょう。また，インターネット上にある情報やキャリア教育関連サイトも情報型の提供手段にあたります。

ガイダンスは，特定の集団を対象とするものです。学級，学年，あるいは学校単位で行われるキャリア教育がこれにあたります。つまり，学校で行われる教育活動の大半は，ここに含まれます。

そして一対一で行われるのが相談です。詳しくは第 2 節で説明します。目の前の児童生徒に応じた支援ですので，Taylor-Made の（自分専用に仕立てられた）洋服のように，きめ細かな情報提供や相談を行います。

2. 情報を用いた児童生徒全体への指導

情報を用いた支援は，基本的にその対象とする層が幅広く，またすでにあるものを活用するので提供するための労力，コストは比較的小さくなります。したがって，大切なことは子どもたちに「この情報をもとにこうしてみたらどうかな？」と情報を活用する手立てを教えることになります。また，とくにインターネット上にはさまざまな情報があふれていますので，適切に取捨選択できるようにするための情報リテラシーについて教えることも重要です。

また，先ほどはその典型として直接キャリアや進路に関連する書籍を例示しましたが，これだけが情報型のキャリア・ガイダンスではありません。たとえば生き物に興味がある児童生徒であれば，学校図書館にある図鑑やファーブル昆虫記にワクワクしながら，その興味を深めたり広げたりしていくことでしょう。このような体験は，直接的に職業選択につながらなかったとしても，自己理解を促したり，やりたいことを探すヒントになります。したがって，児童生徒の多種多様な興味関心を刺激し，広げ，深めることができるように環境を整備することがとても大切です。

さらに，キャリア・パスポートには自分についての情報が蓄積されていきます。自分のキャリアを見返したり，進路の分岐点で将来の進路選択をしたりする場面では，この情報が大いに役立ちます。また，そうなるように記録を残していけるように指導していくことが重要です。

3. ガイダンスによる児童生徒全体への指導

ガイダンスは集団を対象にします。ガイダンスはそれを必要とする特定の集団に対して，訓練されたスタッフが行う計画性と意図をもった指導です。中央教育審議会（2011）は「キャリア教育はそれぞれの学校段階で行っている教科・科目等の教育活動全体を通じて取り組むものであり，単に特定の活動のみを実施すればよいということや，新たな活動を単に追加すればよいというではないということである。各学校では，日常の教科・科目等の教育活動の中で育成してきた能力や態度について，キャリア教育の視点から改めてその位置付けを見直し，教育課程における明確化・体系化を図りながら点検・改善していくことが求められる」としています。したがって，教師が，目の前の児童生徒たちに対して，その将来のために知識や態度，能力を培おうとしているすべての教育活動は，意図的計画的に実施されているガイダンス型のキャリア教育なのです。国立教育政策研究所（2012）は，それを図 13-2 のように説明しています。たとえば食育，消費者教育，人権教育，あるいは比較的新しいものでいえば SOS の出し方教育など，社会から学校に期待されている○○教育は，社会生活において期待される特定の役割や具体的な活動に焦点をあてて行われま

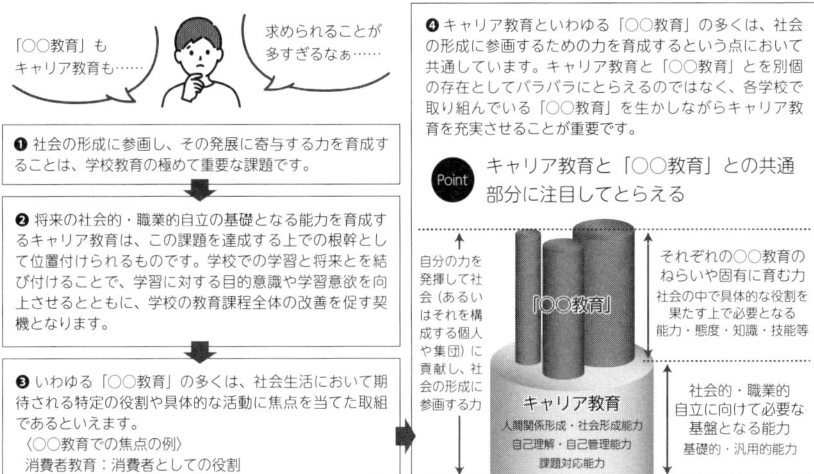

図 13-2　キャリア教育と「○○教育」（国立教育政策研究所，2012 をもとに作成）

す。それらを束ねるものとしてキャリア教育があるのです。そして，それらから児童生徒一人ひとりが得た学びと気づきをキャリアパスポートに集約し，これをキャリア教育の要を担う学級活動・ホームルーム活動でまとめ，自己の成長の記録として残していきます。

第2節　キャリア・カウンセリングによる個別の指導

　ここでは，主に個人を対象とした相談について解説します。世田谷区の中学校では通信票の所見欄を廃止する代わりに三者面談でキャリア・パスポートを活用する取組が行われています（国立教育政策研究所，2022）。このように相談型のキャリア・ガイダンスでもキャリア・パスポートは有用な手段です。

1. キャリア・カウンセリング（進路相談）とは？

学校におけるキャリア・カウンセリング（進路相談）というと，中学校・高校の最終学年で行われる進路面談（二者面談や三者面談）を思い浮かべるかもしれません。進路面談はたしかにキャリア・カウンセリングの一部ですが，そのすべてではありません。キャリア・カウンセリングは，目先の進路（進学先や就職先）の選択だけでなく，そこに至るまでの過程や児童生徒の生き方全般を支援する活動です。

学校におけるキャリア・カウンセリングとは「①子どもたち一人一人の生き方や進路，教科・科目等の選択に関する悩みや迷いなどを受け止め，自己の可能性や適性についての自覚を深めさせたり，適切な情報を提供したりしながら，②子どもたちが自らの意志と責任で進路を選択することができるようにするための③個別またはグループ別に行う指導援助」と定義されます（国立教育政策研究所，2004, p.29）。長い一文ですので，以下で整理して説明します。

学校におけるキャリア・カウンセリングとは，子どもたち一人ひとりがみずからの進路をみずからの意志と責任で選択できるようになることを目指して行う支援活動です（②）。支援の内容・方法としては，「子どもたち一人ひとりの（中略）悩みや迷いを受けとめる」「自己の可能性や適性についての自覚を深めさせる」「適切な情報を提供する」ことがあげられています（①）。支援の形態としては，一対一で行う場合（個別相談）とグループで行う場合（グループ相談）とがあるとされています（③）。

定義中の②はキャリア・カウンセリングの目的を表しており，重要な点です。生徒の進路（人生）は生徒自身が選ぶものであり，学校や教師がそれを押しつけるようなことがあってはなりません。しかしながら，進路の選択は決して容易ではなく，子どもが自分で進路を選べるようになるためには十分な時間と準備が必要です。たとえば，自分の進路に関心をもつこと，**自己理解**を通して自分の可能性や**適性**を理解していること，進路に関する適切な情報をもっていることなどが必要です。進路の選択は準備の段階から始まっているといえるでしょう。キャリア・カウンセリングは，この準備を含めた進路選択の過程全体を支援する活動です。そして，この支援を通して児童生徒の**キャリア発達**全般を促す活動でもあります。

進路を選択するということは，人生の岐路にいる子どもが複数の異なる選択肢のなかから1つを選ぶということであり，非常に大きな重みをもつものです。また，将来の進路を考えることは，「未知のこと」について考えることであり，とても難しい作業です。その上，適性や能力，家庭の経済的事情や保護者の期待などさまざまな「制約」が加わるため，進路の選択はいっそう難しくなります。教師は進路選択に関わる重みと難しさを十分に理解して，家庭と綿密に連携しながら，キャリア・カウンセリングを進めていく必要があります。

2. キャリア・カウンセリングを行う上で必要なこと

キャリア・カウンセリングを進めていく際，教師にどのようなことが求められるでしょうか。ここでは大きく3つの点を説明します。

第1に，子どもたちとのあいだに**信頼関係**を築いている必要があります。子どもは，信頼関係を築いていない教師に，自分の進路に関する希望や考え，悩みや不安を打ち明けることはありません。信頼関係はキャリア・カウンセリングの基盤であり，日々のかかわりのなかで築いていく必要があります。

第2に，**コミュニケーション**や**対話**の能力・スキルが求められます。キャリア・カウンセリングの目的を達成するためには，定義の①で示された方法に加えて，日頃のかかわりのなかで子どもたちと対話を重ねていくことが欠かせません。具体的には，子どもたちが自分自身の思いや考えに意識を向けられるように問いかけること（例：「あなたはどうしてそう思うのかな？」），子どもたちの思いや考えを引き出し，受けとめながら聴くこと，子どもたちの気づきを促し，主体的に思考・行動できるように働きかけることなどが必要です（国立教育政策研究所，2016）。これらの対話的なコミュニケーションを実践するために，カウンセリングの基本的な態度と技法が参考になります（表13-1）。

第3に，**正確な知識と情報**を提供できることが求められます。私たちを取り巻く社会や産業構造は日々変化しており，それに伴って生徒の進学先（カリキュラム等）や就職先（業種等）も変化します。教師はこれらについての最新の情報を正確に把握し，生徒に提供する必要があります。しかし，教師がこういった最新の情報を常にもてるわけではありません。その際には率直にそのことを認めつつ，生徒と一緒にその情報を探索します。また，必要な情報を生徒

表 13-1　カウンセリングの基本的な態度（上段）と各種技法（下段）

無条件の積極的関心（受容）	相談者をかけがえのない一人の人間として尊重し，大切にすること。「相談者のある部分は肯定するが別の部分は否定する」といったように，自分の考えや気持ちしだいで（価値観や好き嫌いによって）相談者を受け入れたり拒絶したりするのではなく，相談者のありのままの姿に積極的に関心を向けること
共感的理解	カウンセリングにおける共感とは，相談者の私的な世界（その人が感じたこと，考えたこと，体験したこと）を，あたかも自分自身のことであるかのように感じとることを表す。共感的理解とは，一般に，自分の立場を離れて相手の立場から相手のことを理解しようとすることを指す
自己一致（純粋性）	相談者と関わるなかで体験する自分の気持ちや考え（ネガティブなものを含む）を，否認するのでなくありのまま素直に認め，受け入れていること
かかわり行動	姿勢や表情，視線，声の調子などの基本的なコミュニケーション技法。相談者との信頼関係を築いたり相談者に安心感を与えたりするために必要な技法
傾聴	相談者の話に十分に耳を傾け，相談者の視点で気持ちや考えを理解しようと努めること。自分の言いたいことはいったん脇におき，相手の話についていったり相手の話をさえぎらずに聴いたりすること
はげまし，いいかえ，要約	相槌やうなずきなどで相談者が話すのをはげますこと，相談者が話したことの重要なポイントをとらえて言葉で返すこと，相談者の話したことを要約・整理して伝えること
質問	過去のことについて尋ねる「過去質問」（例：「これまでに何をしたのですか？」）と，未来のことについて尋ねる「未来質問」（例：「これから何をすればよいですか？そうするためにどうすればよいですか？」），否定的な面に焦点を当てる「否定質問」（例：「どうしてうまくいかないのですか？」）と，肯定的な面に焦点を当てる「肯定質問」（例：「どうしたらうまくいくでしょうか？」）
リフレーミング	相談者と異なる見方・考え方をして，それを伝えること

みずからが手に入れる方法を伝えていくことも大切です。

3. キャリア・カウンセリングの実践

キャリア・カウンセリングは，目先の進路の選択だけでなく，そこに至る過程全体と卒業後の人生を支える活動であるため，小学校段階から継続的に行っていきます。そして，キャリア・ガイダンスと一体化させて，学校のあらゆる場面で意図的に行っていきます。このように，キャリア・カウンセリングの実

表 13-2　中学 1 年のキャリア発達課題とその支援（文部科学省，2011 より抜粋）

主な課題例	個に応じた支援とキャリアカウンセリング例
・中学校生活に適応する （学習，教科担任制，部活動など） ・新しい人間関係をつくる （自他の理解，集団での役割など） ・自分の将来を考える （職業の世界，卒業後の自分など）	・中学校生活のガイダンス ・各教科担任による学習の仕方の説明 ・学級活動，班活動などの支援 ・自己理解を図る学級指導の計画的実施 ・職業調べなどの活動の支援 ・個別面談，三者面談などの実施

践では**継続性**と**計画性**が必要になります。

具体的にどのような実践が行われているでしょうか。一例として，各年齢のキャリア発達課題に応じた実践をあげることができます。具体例を表 13-2 に示しました。この例の通り，キャリア・カウンセリングでは悩みや不安の解決を目指す**治療的カウンセリング**よりも，キャリア発達に必要な資質・能力（自己理解や職業意識等）を育てる**開発的カウンセリング**が多く行われています。

また，キャリア・カウンセリングは日常的なコミュニケーションや対話のなかで行うこともできます。たとえば，小学校 1 年生があさがおの水やりを行う際に「みんな，どのような花を咲かせたい？」「そのためには何が必要かな？」と，児童が先を見通せるようにしたり，行動に目的意識や責任感をもてるようにしたりする問いかけができますが，このような日常的なやりとりを意図的に行い，小学校段階から積み重ねていくことで，子どもたちのキャリア発達を促すことができると考えられます（国立教育政策研究所，2016）。日常のなかで無数にあるキャリア発達の機会をいかにとらえるかが重要になってきます。

第 3 節　実践に向かって――より良いキャリア教育を行うために

第 1 節，第 2 節で説明されたキャリア教育およびキャリア・カウンセリングを実践していく上で大切だと思われる点，注意をしたい点について述べていきたいと思います。

1．日々の教育のなかで培いたい「2つの姿勢」

将来果たすことになるさまざまな役割や，それらの役割を果たすために必要な能力の育成に関わる学びはすべてキャリア教育と考えられます。つまり，生徒指導と同様に，キャリア教育もまた学校教育における1つの「機能」として，教科指導をはじめ学校におけるあらゆる教育活動のなかで行われるということを意識することが大切です。ここでは，日々の教育実践のなかでのキャリア教育として意識しておく点を2つあげてみます。

(1) みずから学ぶ姿勢を培う

技術の進歩と相まって急速に変化していく社会のなかでキャリアを形成していくためには，学び続け，自己成長を続けていくことが求められます。そのためには，日々の授業のなかでは教科書に記載された知識を伝えることだけではなく，その知識と，社会のなかのさまざまな事象とのつながりについて考える機会を提供することが大切です。日々の学習と社会とのつながりがわかることで教科の学習への関心が高まるだけではなく，そこで得た知識を使ってさらに自分で調べ，さまざまな事象への理解を深めるというみずから学んでいく姿勢が培われます。また，各教科の学習指導において児童生徒への発問を工夫することも，子どもたちの既存の知識ではわからない状態を作り出して学習内容への興味を高め，みずから学ぼうとする意欲を高める教育実践のひとつといえるでしょう。

(2) 行動すること，チャレンジすることの支援する

みずから学び，自己成長をしていく上では，たとえすぐにはうまくいかなくても失敗から学び，努力を続けることが必要になってきます。失敗することを恐れずに物事にチャレンジしていく姿勢を培っていくためには，失敗を笑われたり非難されたりしない，むしろ新しいことや難しいことにチャレンジして失敗したことが称賛される環境が必要になります。教師として児童生徒のそうした努力やチャレンジしていく姿勢を称賛することはもちろんのこと，学級のなかで児童生徒がお互いにお互いの失敗を称賛できる雰囲気作りを行うことで，失敗に対して前向きな姿勢が形成されていくと考えられます。

2. 将来だけではなく，過去をふり返ることも大事

たとえばみなさんが自分の将来について考える時，「中学校の頃から英語の成績が悪かった」，「近所の子どもたちと遊ぶのは苦手だった」，「模擬授業がうまくできず塾講師に採用されなかった」などの経験をもっていたとすると，将来英語教員になろうとはあまり考えないのではないでしょうか。私たちが自分の将来について考える時，とくに，「自分には向いていないもの」について考える時には，向いていないことの根拠となる出来事や経験を，これまでの人生のなかにある無数の経験のなかから探し出してきて，「英語教員が不向きな人」という意味づけを自分に対して行います。同じように，「私はだめな人間だ」，「私は何の能力も才能もない人間だ」と考えてしまう自尊心や自己評価の低い子どもは，これまでの人生のなかからそのように思える出来事をつなぎ合わせてそのように意味づけていると考えられます。そのような児童生徒に将来の夢やなりたい自分を語らせようとしても出てこなかったり，ネガティブな将来像しか思い浮かばないことが多いでしょう。そうした場合は，いきなり将来に目を向けるよりも，まず先に過去をふり返ることの方が大切になってきます。そうした児童生徒の人生のなかには，本人が語っていない，気づけていないだけで，「私はできる人間だ」，「私は能力や才能をもった人間だ」と意味づけられる出来事や経験ももちろんあるはずです。児童生徒にこれまでの経験のなかで楽しかったことや熱中したこと，頑張ったことなどを尋ねるなかで，そうした出来事や経験を掘り起こし，肯定的な意味づけを自分自身に対してできるようになることを支援していくことで，将来に目を向けることもできるようになっていくと考えられます。

3. 教師である自分自身のキャリアについてふり返ってみる

みなさんのなかには，自分がこれまでに教えを受けてきた「先生」に憧れて教員を目指したという方もいるのではないでしょうか。キャリア教育は，児童生徒が自分の人生について考える「生き方」の教育です。児童生徒に毎日働く姿を見せている教員は，もっともよく接する社会人のモデルでもあります。そのため，みなさんの働く姿を通して子どもたちが「生き方」を学んでいること

を意識しながら日々の教育活動（仕事）を行うことが大切です。

また，教員自身（教員になるみなさん自身）がみずからのキャリアについて考え，そこで得た気づきは，実際にキャリア教育を行っていく上で役立つはずです。この機会に，自分が「どうして教員を目指したのか」，「これまでにどのような選択肢で迷い，悩んだのか」，「働く上で自分が何を大切にしたいのか」などをふり返り，自分に問いかけながら，教員の道を選ぼうとしていることについて改めて考えてみてください。そうした自分自身のキャリア発達についてふり返ることで，子どもたちの発達段階に応じた支援についてイメージしやすくなると思います。もちろん教員になった後も，「どんなことを大切にしながら仕事をしているか」，「あらたなライフステージは自分の人生にどんな影響を与えているか」など，自分のキャリアについてふり返ることが必要になってきます。1人の社会人として，自分自身のキャリアについて子どもたちに語ることも，子どもたちにとって意味のあるキャリア教育となります。

（第1節：永作　稔・第2節：黒田　祐二・第3節：清水　貴裕）

演 習 問 題

中学校1年生のAさんが「将来の夢ややりたい仕事が見つからず悩んでいます。どうすればいいでしょうか」とあなたに相談してきました。対応を考えてみましょう。

【引 用 文 献】

中央教育審議会（2011）．今後の学校におけるキャリア教育・職業教育の在り方について（答申）

国立教育政策研究所（2004）．キャリア教育の推進に関する総合的調査研究協力者会議報告書――児童生徒一人一人の勤労観，職業観を育てるために――　https://www.nier.go.jp/shido/centerhp/20kyariasiryou/20kyariasiryou.hp/3-02.pdf

国立教育政策研究所（編）（2012）．キャリア教育をデザインする――小・中・高等学校における年間指導計画作成のために――

国立教育政策研究所（編）（2016）．変わる！キャリア教育――小・中・高等学校までの一貫した推進のために――　ミネルヴァ書房国立教育政策研究所（2022）．キャリア・パスポートを「キャリア・カウンセリング」につなぐ——世田谷区・世田谷区立富士中学校・三宿中学校より——
文部科学省（2011）中学校キャリア教育の手引き　教育出版
下村英雄（2016）．キャリアガイダンスのデリバリー・セグメント・コスト　労働政策研究・研修機構（編）新時代のキャリアコンサルティング——キャリア理論・カウンセリング理論の現在と未来　労働政策研究・研修機構

解　答

第1章

(1) 定義に示されている通り，生徒指導の基本は，一人ひとりの児童生徒の自発性と主体性を大切にして，その成長と発達を支えていくことです。この点とみなさんのもっている生徒指導のイメージとを比較してみてください。

(2)「支える」かかわりは，児童生徒が社会のなかで自分らしく生きる存在へと自発的・主体的に成長・発達していけるように導くための働きかけです。たとえば，児童生徒がみずから自分の課題に気づいたり，みずからすべきことを考えて行動に移したりできるように対話を重ねること，児童生徒が自発的・主体的に考え行動できる場や機会を入念に工夫して設定することが考えられます。また，あえて声掛けをせず意図をもって見守ることも，支えるかかわりに含まれるでしょう。さらに，諭すことや叱ることも，児童生徒の主体的な気づきや行動を引き出すものになっていれば，支えるかかわりになるでしょう。重要なのは，一つひとつの行動が児童生徒の自発的で主体的な成長・発達を支えるものになっているか，という点です。

第2章

4つの層とは，発達支持的生徒指導，課題未然防止教育，課題早期発見対応，困難課題対応的生徒指導を指します。これら4層の支援を行っていくことは，生徒指導の理念を実現するために欠かせません。生徒指導の理念は，定義と目的に示されている通り児童生徒一人ひとりの発達と適応を支援することです。この発達と適応の状態は一人ひとり異なっており（個人間の違い），また，その状態は1人の児童生徒のなかで変化していきます（個人内の変化）。これらの違いや変化に応じて支援のあり方を変えていく必要があるため，4層の支援が必要になるのです（本文第2節へ）。

第3章

仲のよい友だちに共通して認められる特徴としてあなたがあげたものは，あなたが人を評価する際にもっている1つの「枠組み」と考えられます。このあなたがもつ評価の枠組みに沿った人，つまり好ましいと感じている特徴をもっている人と仲良くなっているのではないでしょうか。

児童生徒に対してもこのようにあなたのもつ枠組み（友だちに対するものと同じとは限りませんが）に沿って評価・判断が行われます。自分がどのような子どもが望ましい（あるいは望ましくない）と感じているのかを知ることで，自分の枠組みを脇において，子どもの良さを見つけることができるようになります。

第5章

クラスに必要な役割について学級会で話しあい，必要な係活動について自分たちで考える。そして，それらの係が何の役に立っているのか，どのように社会（学級）に貢献しているのかを帰りの会などで発表します。

第6章

このような場面に遭遇した時に，まずその場での指導として，目の前のいじめ行為を止めるように働きかけることが求められます。そして，加害者の言い分は聞いた上で，いじめは絶対に許されない行為であることを指導します。また，被害者から話を聞き，必要に応じて，ケアを行います。その場での指導が終わった後には，その学年の学年主任や生徒指導主事に報告，相談をすることが早期対応として必要なことです。自分の担当学年ではないから，事情がよくわからないから，といって関わらない，あるいは指導をしたからそれで終わりではなく，しっかりと教員としての責務を果たすことが大切です。

第7章

4層支援（第2章へ）を，①学校全体で計画的に行うとともに，②家庭・地域・関係機関と連携しながら進めていきます。①は，全校的な指導体制のもとで，PDCAサイクルに沿って4層支援を行うということです。また，②は，保護者・地域住民・警察等と協力しながら4層支援を行うということです。

第8章

(1) 不登校には，学習面や精神的健康面，発達・行動上の支援等，さまざまな課題がかかわってきます。それぞれに応じた相談・支援機関や団体が各都道府県には設置されています。8章の本文であげた施設や支援機関以外で，主なものを以下にあげます。

主な相談・支援機関（団体）

教育相談所（室）	教育委員会が設置する施設で，子供や保護者からの学校生活や教育にかかわる様々な相談に応じ，心理検査やカウンセリング等も行う。
児童相談所	児童福祉法にもとづき全国に設置された機関で，18歳未満の子供に関する様々な問題について家庭その他からの相談に応じる他，検査や判定等の業務も行う。
子ども家庭支援センター	全国に設置されており，18歳未満の子供と家庭に関する様々な相談に応じる他，児童相談所や児童福祉施設との連絡・調整等も行う。
精神保健福祉センター	精神保健福祉法にもとづき各都道府県（指定都市）に設置された精神保健福祉に関する支援機関。心の問題等に関する相談支援を行っている。
ひきこもり地域支援センター	厚生労働省が設置する機関で，社会福祉士，精神保健福祉士，公認心理師等の資格を有する専門家がひきこもりの状態にある人やその家族へ相談支援等を行う。
不登校「親の会」	不登校状態にある子供を持つ保護者同士が情報交換や相互サポートを行う団体。

(2) ICTをどのように活用するかにもよりますが，注意する必要がある点として

たとえば以下のようなことが考えられます。

① 児童生徒やその家族のプライバシーおよび個人情報の保護：不登校児童生徒が自宅から授業などに参加する場合，当該児童生徒やその家庭のプライバシーを守ったり，インターネット上にあげた個人情報が漏洩しないようセキュリティに対する注意も必要です。

② 一方通行の授業にならない配慮：授業にリアルタイムで参加している場合，オンラインで参加している児童生徒の作業状況や表情などがわかりづらく，当該児童生徒の授業の理解度が教員からはわかりにくいことがあります。オンライン参加の児童生徒の理解状況を個別に確認していく必要があります。

③ ICT 機器の準備や使用にかかるコスト：さまざまな ICT 機器を学校・家庭それぞれで準備する費用など経済的側面のコストに加え，教員にとっては ICT 機器の日々のメンテナンスや遠隔授業用の教材等の準備，ICT 機器を使用にあたっての新しいスキルの習得などの負担といった学習面のコストも少なくありません。

第9章

インクルーシブ教育システム構築支援データベースの実践事例データベースで対象児童生徒等の障害種の欄で ADHD（注意欠陥多動性障害）を選択し，対象児童生徒などの在籍状況等の欄で高等学校を選択すると，いくつかの事例が表示されます。また，詳細欄をみると事例の詳細をダウンロードすることができます。そうすると，たとえば，ティームティーチングによる指導体制やプリントの準備や問題の分割などの教材の工夫，生徒が不安を感じた時の対応，学校全体でのユニバーサル・デザイン化への試みなど，さまざまな事例が紹介されています。みなさんも検索して，実際にどのような実践が学校で行われているのか，学びを深めてみましょう。

第10章

(1)

・校則の見直しのため，各学級で校則の見直してほしい箇所や学校生活上のルールで変更してほしいことなどを議論する。

・生徒総会で校則を議題に取り上げ、生徒間で協議を実施する。また，その協議をふまえ，生徒会から学校側へ校則の見直しに関する要望を提出する。

「校則の見直し等に関する取組事例について」(2021 年）より抜粋

(2)

・個別指導の際も複数の教職員で行うことで，個々の教員の指導が感情的になることを抑える。どうしても１対１で指導をしなければならない場合は，指導の行き過ぎを防ぐために開かれた空間で指導をする。

・体罰や不適切な指導を見聞きした場合は管理職に報告・連絡・相談することを徹底する。

第 11 章

・国語の物語文の読解で，登場人物の心情を読み解く力を身につけさせることは人間関係形成能力の育成につながる。

・保健指導で正しい手指の洗い方を教えることは，自己管理能力や課題対応能力の育成につながる。など

第 13 章

唯一の正解というのはありませんが，１つの解答例として，将来の夢や仕事が見つからないというのはおかしなことではなく誰もが経験する自然なことであり，A さんのようにそのような自分に気づいて「これからどうすればよいだろう」と悩むことはとても大切なことである，と伝えることがあげられます。その上で，キャリア・パスポートを見返しながら少しずつ興味関心を広げていくことを提案してみます。また，今この世のなかで起こっていることに関心を向けてみたり，自分の好きなことや得意なことを楽しんだり，夢とか職業とかを抜きにして自分のしたいことについて目標を立てて行動してみたりしてはどうだろうと，具体的な提案をしてみます。

索　　引

あ　行

か　行

さ　行

執筆者紹介（執筆順）

黒田　祐二（くろだ　ゆうじ）編者、第１章第１～4、6・7節、第２章、第７章、第13章第２節

紹介は奥付参照。

清水　貴裕（しみず　たかひろ）編者、第１章第５節、第３章、第８章、第13章第３節

紹介は奥付参照。

永作　稔（ながさく　みのる）編者、序章、第５章、第11章、第13章第１節

紹介は奥付参照。

山田　智之（やまだ　ともゆき）（第４章、第12章）

上越教育大学大学院学校教育研究科学校教育学系教授

日本大学大学院総合社会情報研究科博士後期課程修了　博士（総合社会文化）

主著：『教職員のための職場体験学習ハンドブック』実業之日本社 2006 年,『生徒指導・キャリア教育論』ミネルヴァ書房 2023 年（編著）,『教師を目指す人たちのための生徒指導・教育相談』学事出版 2023 年（分担執筆）

村上　達也（むらかみ　たつや）（第６章、第９章）

順天堂大学スポーツ健康科学部准教授

筑波大学大学院人間総合科学研究科心理学専攻修了　博士（心理学）

主著：『学校現場で役立つ教育心理学』北大路書房 2021 年（分担執筆）『対人援助職のための発達心理学』北樹出版 2021 年（分担執筆）、『パーソナリティと感情の心理学』サイエンス社 2017 年（分担執筆）

國崎　大恩（くにさき　たいおん）（第10章）

福井県立大学学術教養センター准教授

大阪大学大学院人間科学研究科博士後期課程単位取得退学　修士（人間科学）

主著：『実践につながる道徳教育論』北樹出版 2024 年（編著）、『実践につながる教育原理』北樹出版 2022 年（編著）、『民主主義と教育の再創造――デューイ研究の未来へ』勁草書房 2020 年（分担執筆）

編著者紹介

黒田　祐二

福井県立大学学術教養センター教授，博士（心理学）
筑波大学大学院博士課程心理学研究科修了
主著：『実践につながる教育心理学（改訂版）』（北樹出版，編著），『実践につながる教育相談』（北樹出版，編著），『たのしく学べる最新発達心理学』（図書文化，分担執筆），『はじめて学ぶ乳幼児の心理』（有斐閣，分担執筆）ほか

清水　貴裕

東北学院大学地域総合学部教授，博士（心理学）
筑波大学大学院博士課程心理学研究科単位取得退学
主著：『実践につながる教育心理学（改訂版）』（北樹出版，分担執筆），『実践につながる教育相談』（北樹出版，分担執筆），『図で理解する生徒指導・教育相談』（福村出版，分担執筆）ほか

永作　稔

十文字学園女子大学人間福祉学部准教授，博士（心理学）
筑波大学大学院博士課程人間総合科学研究科ヒューマン・ケア科学専攻修了
主著：「自律的高校進学動機と学校適応・不適応に関する短期縦断的検討」『教育心理学研究』53, 516-528, 2005年（共著），『実践につながる教育心理学（改訂版）』（北樹出版，分担執筆）ほか

実践につながる生徒指導・キャリア教育

2024年5月15日　初版第1刷発行

黒田　祐二
編著者　清水　貴裕
永作　稔
発行者　木村　慎也

印刷　モリモト印刷／製本　和光堂

発行所　株式会社　北樹出版

〒153-0061　東京都目黒区中目黒1-2-6
URL : http://www.hokuju.jp
電話(03)3715-1525(代表)　FAX(03)5720-1488

ISBN 978-4-7793-0751-5